AF389591

POUR ET CONTRE

L'ENSEIGNEMENT

PHILOSOPHIQUE

POUR ET CONTRE

L'ENSEIGNEMENT

PHILOSOPHIQUE

EXTRAIT DE LA *REVUE BLEUE*

MM. F. VANDÉREM. — TH. RIBOT. — E. BOUTROUX.
P. JANET et A. FOUILLÉE (de l'Institut).
G. MONOD. — G. LACAZE. — H. MARION.
G. LYON. — L. MARILLIER. — ABBÉ CLAMADIEU.
J. BOURDEAU. — H. TAINE (de l'Académie française.)

PARIS

ANCIENNE LIBRAIRIE GERMER BAILLIÈRE ET Cⁱᵒ

FÉLIX ALCAN, ÉDITEUR

108, BOULEVARD SAINT-GERMAIN, 108

1894

POUR ET CONTRE

L'ENSEIGNEMENT

PHILOSOPHIQUE

UNE CLASSE A SUPPRIMER[1]

Par M. Fernand VANDÉREM

I

J'ai lu ce matin dans le *Figaro* que mes jeunes camarades de Condorcet s'insurgeaient parce qu'on avait réduit de trois à deux le nombre des divisions de la classe de philosophie.

J'ignore les détails de l'aventure, mais je connais assez les mœurs frondeuses et malicieuses de mon vieux Condorcet pour m'imaginer comment à peu près l'affaire s'est passée : quelques « forts », quelques têtes de classe s'insurgeant effectivement, sincèrement, contre la réforme nouvelle qu'ils jugeaient nuisible à l'unité de leurs études — et les autres suivant, par amour du boucan, du trouble et de leurs aises matérielles.

---

(1) Les articles et réponses qui composent ce volume ont paru dans la *Revue Bleue*, de Janvier à Mai 1894. — Pour la façon dont la publication s'est faite, voir la *Conclusion*, p. 164.

Mais si couronnés de succès que soient ces efforts, il est probable que l'enseignement de la philosophie n'y gagnera guère, car les programmes universitaires selon lesquels il est donné sont vraiment conçus dans l'esprit le plus rétrograde, le plus étroit, le plus stupéfiant, le plus antiphilosophique.

C'est ce que je voudrais essayer de vous prouver, ce dont je voudrais vous convaincre.

Pourtant, entendons-nous. Ce que je vais écrire sur cette feuille — encore blanche, hélas! — ce n'est pas un article de revue, un de ces articles qu'on appelle « étudiés » — une monographie savante et documentée.

Ce sont simplement les réflexions impartiales et véridiques d'un témoin, d'une victime, — ce que peut penser, quand il y pense, un homme qui a passé par là classe de philosophie et qui, un peu mûri par le temps, se rappelle ce qu'il y a vu, entendu et subi, — comment tout cela l'a inconsciemment choqué dans l'enfance, puis plus tard, par le souvenir, très clairement révolté.

*
* *

Car tout est révoltant dans cette question, jusqu'au titre même, jusqu'à cet absurde accouplement de mots : *l'enseignement de la philosophie.*

Voyons, faites-vous un peu Hurons pour la circonstance. Supposez que vous ne sachiez rien de notre organisation universitaire et qu'on vienne vous dire que chez nous, après avoir appris aux enfants le français, le grec, le latin, la géométrie et l'histoire, on emploie toute une année et rien qu'une année à leur enseigner l'inenseignable, ce qu'il faut dix minutes pour énoncer et toute une vie pour connaître : la philosophie.

N'est-ce pas que cela vous fournirait l'occasion de remarques très spirituelles et très profondes sur l'incohérence de notre système scolaire et que vous ne manqueriez pas de demander, en bon Hurons que vous seriez, pourquoi on attend dix ans pour attirer l'attention des enfants sur le mystère des choses, l'incertitude de notre destinée et la science du bien et du mal?

Le mystère, notre destinée, la science du bien, ah! il s'agissait bien de ça lorsqu'on a confectionné les programmes actuels!

L'important était d'accroître le vieux système en vigueur sans trop le bouleverser, de le récrépir, de l'élargir vaguement, d'y ajouter une aile comme on fait à une antique maison : l'aile de la philosophie.

Et notez-le bien, pas par amour de la philosophie, mais par protestation contre la tyrannie, contre les ministres de l'Empire qui n'autorisaient dans les classes que l'enseignement de la logique et de la théodicée, — la métaphysique et la psychologie étant subversives au premier chef, propres à encourager l'esprit d'examen et le scepticisme le plus éhonté.

Des deux côtés, pitoyable, n'est-ce pas, tout cela, toutes ces mesquineries de comité électoral, toutes ces petites luttes de politiquaillerie?

C'est cependant à ces considérations que nous devons la création des classes de philosophie telles qu'elles fonctionnent présentement.

De sorte que voici ce qu'on a obtenu : neuf ans d'un enseignement tout littéraire, tout de rhétorique, tout latin, — dirigé dans le sens du style oratoire, de la narration plate et fleurie, de ce qu'on nomme le discours français, le vieux système en somme des Jésuites du XVII° et du XVIII° siècle. Puis, au sommet, au terme de ces neuf années d'exercices de rhétorique, une année de philosophie, — un cours de philosophie où brusquement on se met à parler aux adolescents de choses dont jamais, jamais, on ne les a entretenus, de problèmes dont jamais on n'a fait la plus légère mention à leurs jeunes intelligences, gavées, boursouflées de phrases.

Et aussitôt on exige qu'ils comprennent, qu'ils s'intéressent, qu'ils suivent, — et il faudra qu'ils sachent, qu'ils apprennent ces nouveautés immédiatement, sans transition, — fût-ce par cœur, — comme des vers, comme une nomenclature de géographie, comme des théorèmes ou la table de multiplication. C'est fabuleux !

*\
* *

Remarquez du reste que, pratiqué ailleurs que dans l'Université, ce bizarre amalgame, ce saut brutal de la rhétorique à la métaphysique pourrait encore donner d'excellents résultats.

Les jésuites d'autrefois ont formé des esprits très élevés, très larges, et ceux d'aujourd'hui, qui enseignent d'après les programmes officiels, fournissent également à la société des hommes éminents, aussi bien au point de vue artistique qu'au point de vue de la pensée et du caractère.

Mais cela provient de ce qu'à côté de l'enseignement littéraire dont l'Université s'est inspirée, on pratique chez les Bons Pères un enseignement moral
presque permanent.

Non seulement on tourne l'esprit des enfants vers
les préoccupations religieuses, mais encore on leur
suggère un souci constant de la moralité de leur conduite; on les habitue à peser chacun de leurs actes, à
les apprécier, à les évaluer, à les coter sur un carnet
par des notes quotidiennes; on les accoutume à l'éxa-
men de conscience.

Et, toute discussion écartée au sujet de ce qu'est
en elle-même la morale jésuitique et de la valeur in-
trinsèque qu'elle a, — en considérant uniquement la
question qui nous intéresse, il est évident que les
élèves modelés par un enseignement moral journalier
arrivent à la classe de philosophie bien plus prêts,
bien plus aptes à comprendre ce dont le maître leur
parlera.

Dans l'Université, où l'on n'a pris aux jésuites que
le côté littéraire de leur pédagogie, il est loin d'en
être de même.

Les élèves sortant de rhétorique entrent en philosophie comme ils avaient passé de la quatrième à la
troisième, de la troisième à la seconde, de la seconde
à la rhétorique, par suite d'un roulement réglemen-
taire et administratif.

Ils s'asseyent, ouvrent leurs cahiers, et le professeur commence son cours, commence à leur apprendre
cette science nouvelle qu'est la philosophie, absolument comme en quatrième le professeur avait com-

mencé à leur enseigner le grec, en cinquième le latin.

« La philosophie, Messieurs, a été très diversement définie... »

Et les élèves écrivent docilement :

« La philosophie a été très diversement définie... »

Le professeur continue :

« On a beaucoup discuté sur ce point d'établir si la philosophie était un art ou une science... »

Et les élèves continuent d'écrire :

« ... était un art ou une science... »

Où vont-ils? Où les mène-t-on? Pourquoi ces paroles? Vers où? Vers quel but? Ils ne le savent pas. Ils écrivent, parce qu'ils sont « en philosophie », qu'à la fin de l'année il leur faudra briller au bachot de philosophie. La philosophie pour eux c'est « la seconde partie », la dernière « matière » à avaler, avant la libération, la chose nécessaire à se rappeler pour décrocher le diplôme à faveur blanche.

Ils ont bien feuilleté les jolis manuels neufs que leur a vendus le libraire du passage voisin. Ils sont informés que le cours sera divisé en quatre parties : *Psychologie — Logique — Métaphysique — Morale.*

Mais ce que représentent ces titres, la raison pour laquelle ils devront étudier ce qui est imprimé au-dessous, qu'est-ce que cela peut leur faire?

Et le professeur, lui aussi, se pliera au programme avec la même résignation, la même indifférence toute fonctionnaire.

La psychologie d'abord, la logique ensuite, la métaphysique et le reste après; ci une quarantaine de leçons à débiter.

Que les enfants suivent ou non, qu'ils s'amusent pendant le voyage, ou s'ennuient, que leurs catéchismes respectifs les aient déjà mis en goût pour l'excursion ou qu'une éducation irréligieuse les laisse sans attrait pour les régions de science inconnue à parcourir, peu importe !

Le tambour a roulé. Tout le monde est réuni. La porte est bien close. Les voilà enfermés ensemble pour un an. En route ! Tant pis pour les infirmes ! Tant pis pour les grognards !

« La philosophie, Messieurs, a été définie très diversement... »

II[1]

Nous étions, à la fin de notre dernier article, comme en gare, au moment où le train du cours s'ébranlait.

Grande vitesse, ce train, archi-express. Quelques jours, que dis-je ! quelques heures, et voilà les élèves en pays étranger, en pays de psychologie, un pays où l'on parle un dialecte nouveau, inconnu, où se prononcent des mots étranges, impénétrables et confus : image, sensation, perception, principes premiers, finalité, sensibilité, causalité, monde extérieur, etc.

(1) Nous avons reçu, à la suite de notre premier article, de nombreuses lettres d'encouragement ou de réfutation qui nous engagent à continuer. Certains de nos correspondants expriment le regret que notre étude ne soit pas plus savante, documentée, soutenue de renvois aux sources officielles. Au contraire, ce qui peut en faire peut-être le prix, selon nous, c'est qu'elle est spontanée, tout expérimentale et de souvenir, absolument dénuée d'appareil dit « scientifique ».

Alors vous devinez leur trouble, à ces jeunes gens, leur ahurissement devant ce baragouin dans lequel des mots français s'emmêlent à des termes presque exotiques, forment des phrases de sonorité bien parisienne, mais sans sens appréciable, des phrases ondoyeuses, claires mais incompréhensibles. Ah ! si seulement le professeur avait alors quelques paroles d'exhortation, quelques paroles de rassurance. Par exemple :

« Mes chers enfants, je vais vous narrer un certain nombre de théories auxquelles pendant deux mois vous ne comprendrez à peu près rien et que peut-être même vous ne comprendrez jamais... Que cela ne vous décourage pas !... Écoutez, écrivez, embrassez celles que vous pourrez !... Et dites-vous bien que si je vous parle longuement de la psychologie et de ses mystères, c'est pour arriver à une doctrine sur la liberté, base indispensable à toute morale... La morale, vous savez bien !... Ce qu'on vous a déjà appris... Ces principes qui nous aident à nous conduire dans la vie... Donc, un peu de patience ! Je reprends... Nous en étions, je crois, à la différence entre l'image et la sensation... »

Non, rien de ce langage bonhomme, rien de ces excuses cordiales, mais le cours, l'implacable cours suivant son itinéraire, — le tour de la pensée humaine en quarante-trois ou en quarante-quatre jours.

**

La nouveauté des questions traitées n'est pas le seul

obstacle que nous rencontrons sur la route : leur difficulté, leur obscurité en est une autre.

Car vous pensez que cette philosophie divisée en
quatre morceaux, ce ne sera pas la philosophie causeuse, universelle et souriante d'un Socrate.

Ce sera une science dure, à compartiments rigides,
contenant chacun les « contributions » des spécialistes de la partie, une sorte de catalogue critique
de l'exposition internationale du travail philosophique depuis les temps les plus reculés jusqu'à nos
jours.

Or, vous rappelez-vous comment ils s'appellent les
exposants ? Ils s'appellent : Zénon d'Élée, Platon,
Aristote, Hume, Socrate, Épicure, Kant, Hegel, Stuart
Mill, etc., etc.

Et alors ne voyez-vous pas tout de suite ce qu'il y
a de fou, d'absurde, d'outrecuidant, d'impardon-
nable, à mettre ainsi brutalement en relation les faibles cerveaux de nos enfants et ces hommes que je
viens de citer, les plus vigoureux réfléchisseurs qu'ait
produits l'humanité, les Hercules de la foire philosophique ! ! !

Voilà un brave petit jeune homme qui sort de rhétorique, qui tournait fort bien le discours latin, le
discours français, traduisait élégamment ses versions
grecques, avait des idées sur Boileau — et toc ! on
l'enferme avec ces sublimes rêveurs, ces despotiques
et dédaigneux inventeurs qui parlent mystérieuse-
ment comme le génie, comme les sibylles : Kant,
Platon ou Hegel !

Débrouille-toi, pauvre petit ! Comprends à seize

ans ce qu'eurent peine à concevoir, vers la cinquantaine, ces héros de la pensée ! Intéresse-toi à tout ce noir, tout cet inextricable !... Sois-moi philosophe, dans les cinq minutes ! Expose, discute, réfute !

Et l'adolescent écrit, avec de l'ombre dans la tête, dans les yeux :

« A cette théorie de Hégel sur le monde extérieur, on peut cependant objecter... »

Oui, huit jours après son entrée en philosophie, il objecte à Hegel, il serre Kant de près, il écrabouille Aristote !... Tout à fait comique, hein ?... Mais combien authentique, hélas !...

Car elle arrive immédiatement, au début du cours, la leçon sur la perception, sur l'existence du monde extérieur, sur l'immatérialité de la matière, sur l'idéalisme transcendantal.

Une fois, par amusement, dans une réunion de personnes très littéraires, extrêmement cultivées, j'ai essayé, par plaisanterie, de l'exposer sommairement, cette théorie de l'idéalisme transcendantal. Ah ! j'aurais voulu que vous vissiez les gestes d'agacement, les haussements d'épaules, toute la colère pratique causée, chez ces gens d'âge, par ce résumé impartial ! Au bout de quelques mots, ils m'arrêtaient, ils ne voulaient plus en entendre parler de ces affolantes folies, de ces bouleversantes conceptions !

Mais les enfants, eux, pas le droit de protester ! Ils écrivent, écrivent fiévreusement sous la dictée : « M. Taine a dit que la perception... » — puis : « On pourrait répondre à M. Taine... » — et ils lui répondent, ils peuvent lui répondre, à M. Taine ! !

Après, ce sera les principes premiers, éternels, nécessaires et universels, leur assure-t-on, aux dociles potaches — et que jusqu'ici ils ne connaissaient pas même de nom. Après, la liberté; après, la logique; après, la métaphysique; après, la morale...

Alors, pas le loisir de s'arrêter pour réfléchir un instant, pour se retourner, voir un peu où l'on en est?... S'arrêter? Merci! C'est à peine si on arrivera, si on aura le temps matériel seulement d'énoncer ce qu'il y a à dire, de rétorquer ce qu'il y a à répondre... En voiture pour la métaphysique! Vite, vite, Messieurs, en voiture! On a du retard!

.·.

Je ne puis et ne veux donner ici que des notes, des impressions, des aperçus, — je désire attirer simplement l'attention du public sur ce curieux enseignement philosophique. Il me faut aller vite également, presque aussi vite que le professeur de philosophie. Et que de choses pourtant, que d'amusantes choses à signaler, sur la façon dont s'enseignent, dans nos lycées, la logique, l'induction et la déduction, la morale, la métaphysique!... Mais lisez les manuels officieux, où ces matières sont exposées selon les programmes; lisez-les dans l'esprit où j'ai essayé de vous mettre et vous en verrez de bien drôles, sans besoin de mon aide, de mes indications.

Je préfère qu'ensemble nous examinions un peu comment se raconte, dans les collèges, l'histoire de la philosophie.

Oh ! l'enseignement est complet. Sous ce rapport, rien à dire. Après la philosophie, son histoire. Nos élèves en savent long, ils peuvent s'en vanter, au bout de l'année !

Donc on leur apprend l'histoire de la philosophie. C'est-à-dire qu'après leur avoir débité les systèmes en détail au cours des problèmes discutés, on les leur débite en gros, d'un trait, d'une seule haleine.

Seulement, comme le serpent de la foire qui a deux dimensions selon qu'on le mesure en descendant ou en remontant, l'enseignement philosophique a plus ou moins d'extension selon qu'on le donne sous forme dogmatique ou sous forme historique.

La philosophie, c'était une cinquantaine de leçons. L'histoire ce sera la moitié environ.

Naturellement, la vitesse est doublée. Plus d'objections, plus d'arrêt : « Aristote dit que... Selon Épicure... Morale des Stoïciens... Métaphysique des Stoïciens... Idéalisme des Alexandrins... » Ah ! cela ne traîne pas, je vous assure, et quand, la semaine qui suit la leçon, le professeur demande à un élève :

« Monsieur, parlez-moi de l'idéalisme des Alexandrins ! » — eh bien, je ne jurerais pas que l'élève lui en parle précisément, mais il lui « en récite », il lui déroule quelques pages bien apprises et conformes à la doctrine enivrante du transportant Plotin.

Maintenant vous supposez peut-être que cette sorte de cross-country, de chasse à courre régulière à travers les systèmes a été précédée d'une leçon d'ouverture, où le professeur a informé les élèves comment ils devaient accepter et étudier ces systèmes. Vous

imaginez, ainsi, qu'il leur a fait comprendre que
depuis Anaxagore jusqu'à Leibnitz et Herbert Spencer, tous les philosophes sont des espèces de poètes
réfléchis, d'imaginatifs méditateurs qui ont formulé
tour à tour des sortes de poèmes approximatifs, des
hypothèses vagues sur ce qu'étaient l'humanité, sa
destinée, et ses devoirs. Vous pensez aussi qu'il a bien
insisté sur ce point que toutes ces tentatives d'explication, tous ces à peu près métaphysiques n'avaient
rien de définitivement vrai, de scientifiquement vrai,
non plus qu'ils n'avaient rien de cette vérité particulière, toute de sentiment et de foi, qui est la forme
des dogmes religieux, des théologies reconnues. Enfin
vous espérez [qu'il ne les a pas trompés, ces enfants,
qu'il leur a loyalement expliqué que l'histoire de la
philosophie, c'était l'histoire de ce qu'avaient imaginé
les hommes les moins bêtes sur ces choses que personne ne saura jamais.

Oui ! Vous croyez cela ? Eh bien, suivez-moi dans
cette classe où le professeur commence son cours.
Écoutez bien le maître :

« Messieurs, nous commençons aujourd'hui l'histoire de la philosophie. Écrivez *Philosophie ancienne.
Philosophie de la Grèce.* Les premiers philosophes de
la Grèce furent d'abord des savants... »

La voilà, la leçon d'ouverture ! Le voilà l'avertissement que vous souhaitiez ! Un peu bref, n'est-ce pas ?
Un peu sommaire, un peu raccourci, hé ? Mais les
programmes n'en exigent pas plus. Et les programmes
c'est la douce loi d'indolence et d'irresponsabilité, la
loi pleine de bonté, pleine de clairvoyance, — que

personne dans l'université ne songerait à enfreindre.
L'itinéraire — on n'y connaît que ça !

III

Bien curieux, bien amusants les échos divers et
contradictoires suscités par cette petite campagne !

Attendez, tous ! Attendez donc la fin avant de vous
prononcer pour ou contre, avant de condamner ou
d'applaudir !

Car elle approche, la fin. Nous avons vu comme qui
dirait la situation de la classe de philosophie dans le
système scolaire actuel. Puis ce qu'on y enseignait,
puis la manière dont on l'enseignait.

Quand nous aurons examiné les résultats, les responsables, les remèdes, il ne nous restera plus qu'à
conclure — ce qui sera assez vite, assez modestement
fait, vous verrez.

**

Les résultats d'abord sont faciles à apprécier. Question de chiffres, question de faits, sur laquelle tout le
monde s'entendra à peu près complètement.

Eh bien ! interrogez vos souvenirs, interrogez les
professeurs, interrogez les élèves et voici ce dont tous
conviendront.

Au train dont va la classe de philosophie, on peut
dire que, sur une moyenne de cinquante élèves, il y
a environ cinq élèves qui comprennent, cinq autres
qui « suivent » — et que les quarante demeurant pas-

sent leur année dans une indifférence ahurie, dans
un dégoût découragé pour les matières enseignées —
indifférence et dégoût qui ne sont tempérés que par
la crainte de l'examen à subir, la terreur du bachot
final[1].

Ah ! les pau, les pau, les pauvres quarante, plai-
gnons-les, brièvement. Mais occupons-nous surtout
de l'élite, des dix autres, des dix privilégiés qui auront
appris quelque chose durant cette étourdissante
année, et demandons-nous ce qu'ils ont appris réelle-
ment.

On pourrait espérer que de ces dix mois de fréquentation avec les esprits distingués que je vous mention-
nais l'autre fois — on pourrait espérer que les dix en
tireraient un certain goût pour la méditation, une
certaine tendance à apprécier les hommes et les événements de la façon élevée et large et indulgente dite
« philosophique » ?

Pas du tout. Sauf quelques rares exceptions, ce
que l'enseignement visé fait d'eux, ce n'est pas des
philosophes : ce sont des hommes de métier, des érudits en systèmes, des spécialistes.

Pour vous en persuader, accordez-leur encore une
année d'études philosophiques et regardez ce qu'ils
sont devenus, quand ils se présentent à l'examen

(1) Au moment où je corrige les épreuves de cet article, on me
communique une fort intéressante chronique de M. Clément
Janin dans l'*Estafette*. M. Clément Janin qui, sur certains points
me combat très intelligemment et n'est donc pas suspect de
partialité en ma faveur, évalue à 5 sur 30 la proportion des
élèves en état de comprendre le cours de philosophie. On voit
que mes chiffres sont assez exacts.

immédiatement supérieur, à la licence de philosophie.

Tâchez de vous procurer — et ce n'est certes point le Pérou — quelques copies des meilleurs candidats. Vous resterez stupéfaits à la fois de la science de ces jeunes gens, de l'aisance avec laquelle ils se meuvent parmi les dogmes, les contre-dogmes, les objections et les *distinguo*, — mais stupéfaits aussi — on ne saurait dire de l'inintelligence — de la non-intelligence plutôt qu'ils manifestent des doctrines exposées ; stupéfaits de les deviner si peu émus, bouleversés, pénétrés des importantes ou grandioses choses qu'ils racontent !

Un jour, dans un cours de Sorbonne, un de nos plus éminents pédagogues déplorait que dans les lycées de jeunes filles on apprît tout par cœur — jusqu'à la philosophie même.

Ce n'est pas un reproche identique qu'il faut adresser aux philosophes mâles produits par l'Université, mais un reproche analogue.

Non, ils n'apprennent pas précisément par cœur. Seulement cela revient à peu près au même, en ce qu'ils ne pensent pas ce qu'ils disent, — soyons plus exact, — en ce qu'ils ne pensent pas sur ce qu'ils disent ; — bref, qu'ils ne repensent jamais.

Les doctrines, ils les acceptent telles quelles. Et les objections, ils les acceptent pareillement. Et ils rendent tout cela comme ils l'ont reçu, intact, immaculé, vierge de toute dégradation personnelle, de toute addition inventée, de toute remarque individuelle.

Oh ! je n'ignore pas que quelques-uns d'entre eux sont évolutionnistes, d'autres idéalistes, et ainsi de suite, — qu'ils ont des prédilections pour certains systèmes, de l'antipathie contre d'autres.

Mais voilà justement le mal que leur philosophie soit une opinion philosophique ; qu'ils soient évolutionnistes comme on est radical, idéalistes comme on est autoritaire ; qu'ils soient kantiens comme on est gambettiste, au lieu de méditer directement sur les choses, au lieu de vouloir être eux-mêmes des Kant, si possible, et tout au moins des esprits autonomes, réfléchis et songeurs.

Oui, là est le danger, cet esprit de système — de systèmes, dirait-on mieux — que suggère l'Université à ses meilleurs élèves, et qui, dès vingt ans, les dispense de tout effort personnel, en les munissant, en les bourrant de toutes les innombrables solutions découvertes aux insolubles problèmes, depuis que l'humanité a tenté de les approfondir.

Comment voulez-vous qu'un homme éprouve cet étonnement, cette stupeur intime, cet effroi devant l'Inconnu, qui est le germe, la source du vrai esprit philosophique, quand il possède rangées, étiquetées, serrées en un trousseau compact les mille clefs forgées pour pénétrer dans le Mystère ?

En un an peut-être, en deux ans sûrement il aura absorbé le monceau des méditations antérieures, des méditations d'autrui ; il se sentira fort de toutes les forces de toute la pensée humaine.

Affaire réglée. Plus à s'inquiéter de ces secrets. Il n'y pensera plus, — il ne pensera plus jamais...

A moins toutefois que la vie ne l'y ramène, qu'un jour, un accident, une catastrophe ne lui révèlent son ignorance, son impéritie, — comme certains escrimeurs s'aperçoivent soudain sur le terrain que la salle d'armes c'est autre chose que le plein air, la lutte à épées démouchetées, avec la pointe de l'adversaire qui vous frétille et scintille en face !...

*
* *

Quarante élèves dont on n'augmente en rien l'intellect, une dizaine — moins un ou deux peut-être — dont on paralyse par injection, dont on congestionne, pour des années, le cerveau, — tel est le résultat approximatif d'une classe de philosophe normale.

Mais qui accuser alors ? Le ministère ? Le Conseil supérieur ? Les professeurs ?

Personne ! Personne et tout le monde !

Laisser aller, routine, attention détournée par d'autres questions, organisation de l'enseignement primaire et de l'enseignement secondaire spécial, voilà d'abord ce qui a empêché qu'on songeât à modifier l'enseignement philosophique dans les lycées.

Supériorité des professeurs, voilà ensuite et principalement ce qui l'a fait ce qu'il est.

Car, soit dit sans médire des professeurs de lettres, l'ensemble des professeurs de philosophie est incontestablement ce qu'il y a de plus fort, de plus éclairé, de meilleur dans le corps universitaire.

Mais, par malheur, cette supériorité des maîtres se

trouve leur nuire extraordinairement dans leur métier, nuire davantage à leurs élèves, aux petits cerveaux dont ils ont charge.

Pensez donc combien cela doit être pénible pour
un jeune agrégé, pour un docteur en philosophie,
qui aspire sans doute à figurer lui aussi parmi les
métaphysiciens illustres, à donner son nom à une
doctrine, à étudier, pour le moins, avec originalité et
profondeur, un problème spécial, une période déterminée de la philosophie, — pensez comme cela doit
être dur pour un homme qui n'a de commerce intellectuel qu'avec les plus grands esprits de tous les
temps, — pensez, sans ironie aucune, combien cela
doit lui sembler ennuyeux d'enseigner la psychologie
et la logique à de faibles potaches, de faire, de
galoper ce cours sommaire et vertigineux, d'exposer
en un an toutes ces belles théories qu'il faudrait plusieurs vies pour bien dire.

Ajoutez que ce jeune maître est probablement dis-
ciple d'un Renouvier, ou d'un Lachelier, ou d'un
Secrétan, ou d'un Fouillée, — c'est-à-dire de métaphysiciens métaphysiquants ; que l'indéchiffrable seul
l'attire ; que l'absolu seul l'inquiète ; qu'il vise la
substance uniquement et l'au-delà ; — et vous comprendrez sa détresse, sa répulsion quand il monte en
chaire, quand il s'enferme pour deux heures dans
cette caisse de bois, avec, sous ses yeux, un auditoire
enfantin, inapte, ne sachant rien de tout ce qui le
préoccupe, n'en soupçonnant rien, aussi étranger à
son âme, aussi loin de lui qu'un tas de petits Papous
ou de petits Muscogulges !

Encore, si on était au bon vieux temps, où il existait une doctrine officielle, une « théorie » philosophique comme celle du régiment, un rudiment qu'on récitait machinalement en rêvant à ses rêves !

Mais non. Le fade spiritualisme expire. Les derniers suiveurs de Cousin disparaissent, s'éteignent un à un comme de vieilles étoiles déconsidérées et sans huile. Mille systèmes adverses et puissants se disputent la suprématie de la pensée. La *Revue philosophique*, toute scientifique, est dépassée par la *Société de psychologie physiologique* plus scientifique encore. L'*Année philosophique* de Renouvier-Pillon ne suffit pas à les battre en brèche. La *Revue de métaphysique* se fonde, embrasse sa cause, mais c'est peut-être pour l'étouffer. Les brochures des Devoiristes, des Moralisants se glissent dans l'intervalle. Le trouble, l'anarchie règnent.

Et c'est encore assourdi de ce haut vacarme philosophique, que le jeune professeur entre en classe ; ce sont toutes ces contradictions, tout ce brouillamini qu'il va tenter loyalement de résumer à ses élèves en quarante leçons, en quatre-vingts heures !

Rendons-leur pourtant justice, aux professeurs. Aucun ne recule devant cette tâche surhumaine. Tous essaient, tous s'efforcent. Ils ne cachent rien à leurs élèves des découvertes nouvelles de la psychologie physiologique ou de la métaphysique idéaliste. Ils tassent, ils condensent, ils abrègent. Ils sont héroïques dans l'émondement et dans le résumé ! Mais comme ils savent ces efforts inutiles ! Comme cela les afflige, cette incompréhension distraite qu'ils

lisent dans les yeux de l'auditoire ! Comme ils finissent vite par ne plus s'adresser qu'à messieurs Un
tel et Un tel, les dix privilégiés susnommés ! Comme
ils professent mal, en somme !

Mettez-les au contraire en Sorbonne, à Normale.
Donnez-leur un poste dans l'enseignement supérieur
pour lequel est faite, est préparée leur supériorité,
ils seront excellents, irréprochables, pleins de clarté,
pleins d'éloquence, pleins d'ingéniosité.

Pourquoi? C'est bien simple. Parce qu'ils sont à
leur place. Parce qu'ils ont de la place. Parce qu'ils
ont enfin trouvé la mission à laquelle les destinaient
leurs goûts, leurs études, leurs travaux, — et qui
n'est pas de restreindre, de rabaisser la philosophie
à la portée, à la dimension, à la capacité d'intel-
lects de rhétoriciens, mal entraînés, inattentifs et
tout verts !

*
* *

Et ainsi, nous voici amenés à parler des transfor-
mations, des changements, des remèdes que cette
triste situation réclame...

Les remèdes ?

Oh ! ici, nous allons être bien plus timides, bien
plus réservés. Nous ne sommes pas des pédagogues,
des administrateurs, des organisateurs de programmes. Nous ignorons comment, par quelles mesures
on parvient à transformer un régime scolaire défec-
tueux. C'est à peine si nous oserons proposer à l'examen des spécialistes compétents quelques réformes,

des semblants de réformes — avec l'arrière-souhait qu'ils découvriront mieux...

Supprimer la classe de philosophie? Un peu radical, ce moyen; et l'on a bien deviné, n'est-ce pas, que le titre qui figurait en tête de nos articles n'y était que pour la montre, pour fixer les regards; qu'il n'était, dans notre intention, qu'un de ces procédés, tout politiques, tels que le publiciste en doit employer aujourd'hui parmi l'inattention, l'indifférence, la veulerie générales, quand il désire donner de l'attrait à une question sérieuse.

Non, *supprimer* n'exprime pas notre vœu, notre pensée. *Répartir*, *partager*, *graduer* y correspondraient mieux.

Ce que nous voudrions, — et quiconque nous a lu avec soin l'a déjà compris, — ce que nous voudrions, c'est que la philosophie, dans les lycées, loin d'être l'enseignement hâtif, inefficace et troublant de doctrines rudes et abstruses, devînt le vrai complément, l'achèvement de ce qu'on appelle de ce beau nom : les humanités, — fût ce qui habituerait les lycéens, dès l'âge de compréhension, à penser avec largeur, avec élévation et charité.

Et pour atteindre à ce but, faudrait-il de brutales métamorphoses, des bouleversements violents? Nous ne le croyons pas.

Il suffirait que, dès la quatrième, par exemple, une classe par semaine fût attribuée à une sorte de conversation philosophique, d'entretien moral, où l'on questionnerait d'abord les élèves sur certains problèmes, puis où on leur soumettrait progressivement

quelques-unes des solutions inventées par les philosophes renommés. Point de divisions nettes, point
de casiers, point de logique, psychologie, métaphysique et morale ; mais des causeries sur divers points
importants de ces catégories conventionnelles, des
causeries, suivies de lectures bien choisies, de bio-
graphies significatives. En un mot, de quoi intéresser
à la philosophie les élèves, de quoi leur en inspirer
la curiosité, de quoi les accoutumer peu à peu à la
raison, à la méditation, à la sagesse indulgente et
élevée.

Et qu'on ne rie pas de ces grands mots ! Dans
l'enseignement des jeunes filles, bien plus, dans
l'enseignement primaire, il y a déjà des cours analogues à ce que nous proposons, des cours de
psychologie générale, des cours de morale élémentaire.

De cette manière les élèves arriveraient, sans nul
doute, en philosophie, plus prêts, plus informés,
plus aptes à goûter un enseignement qu'on ne serait
plus forcé de donner en partie double, — histoire
d'une part, dogmes de l'autre, — mais, par exemple,
sous forme de problèmes étudiés historiquement
comme l'ont déjà tenté, avec beaucoup de bonheur,
MM. Janet et Séailles dans leur récente *Histoire de la
philosophie.*

De cette manière, les élèves profiteraient véritablement et presque virilement de la suprême année
d'études.

De cette manière enfin, et surtout, on comblerait
une énorme lacune, on introduirait dans le système

secondaire classique l'ENSEIGNEMENT MORAL, qui jusqu'ici y a absolument fait défaut.

Et qu'on ne prétende pas que cette façon d'enseigner la philosophie est chimérique, irréalisable.

Voyons, sans abuser de l'érudition, il conviendrait de se rappeler que Socrate n'agissait guère autrement, — et même qu'il ignorait, et pour cause, les inviolables divisions qui étreignent notre philosophie actuelle : morale, logique, métaphysique, etc.

Il causait, tout bonnement, il accouchait les esprits, il ouvrait délicatement les pensées encore closes ; et ceux qu'il dressait ainsi à songer, c'étaient des hommes, des cerveaux rassis, des cerveaux durcis et solides.

Or, cette lente maïeutique, toutes ces précautions d'hygiène intellectuelle, peut-être qu'on ferait bien de les introduire dans notre enseignement philosophique. Car, les enfants, il nous semble, cela a partout besoin de plus de soins, de plus d'égards que les hommes. Car ce Socrate a formé, avec sa méthode, quelques honorables élèves. Car ce Socrate enfin n'était pas seulement un charmant causeur, mais un philosophe avisé et profond, un philosophe sérieux, le fondateur de la science, de la métaphysique, de la morale, comme nous l'a merveilleusement montré une sagace brochure de M. Boutroux...

*
* *

Mais nous en avons trop dit, trop offert. Notre effort eût dû s'arrêter plus tôt ; à signaler les défauts de l'enseignement philosophique actuel, à demander qu'on y remédiàt.

Maintenant la parole est à d'autres, aux maîtres, aux compétences que la *Revue Bleue* va consulter sur la question soulevée. A eux de décider si nous avons tort, si nous nous sommes trompés ; et nous enregistrerons, avec gratitude, leurs réponses, qu'elles soient hostiles ou favorables.

Un de mes amis de province, esprit fort distingué, auquel j'annonçais dernièrement cette consultation, m'écrivait cependant :

« ... On ne vous répondra pas :

« 1° Parce qu'on n'osera pas, parce qu'on craindra de se compromettre ;

« 2° Parce que vous n'êtes ni normalien, ni agrégé, ni docteur, et qu'on n'admettra pas qu'un « amateur » se mêle de ces affaires ;

« 3° Parce qu'on vous soupçonnera de n'avoir entrepris cette campagne que par désir de scandale... »

Voici ce que je lui ai répondu :

« Il me semble que vous jugez fort mal, fort injustement les professeurs de l'Université.

« Vous suspectez leur courage, quand tout un passé d'énergie, de franchise, d'indépendance est là pour l'attester.

« Vous imaginez que, par esprit de corps, ils refuseront de se prononcer sur des critiques formulées par un profane. Mais c'est leur supposer une étroitesse de sentiments, une mesquinerie d'attitude que dément leur incontestable dévouement à toutes les questions qui concernent notre enseignement national.

« Enfin vous croyez qu'ils ne verront dans cette suite d'articles désintéressés, sans nulle animosité, et où pas une personne n'est attaquée, vous croyez qu'ils n'y verront qu'une tentative de scandale. Autre et dernière erreur.

« Les professeurs se sont bien rendu compte, j'en suis sûr, que si j'avais recherché le scandale, ce n'est pas ici que j'aurais traité la question, pas dans une Revue, pas dans un recueil presque universitaire, pas en famille pour ainsi dire. Mais ailleurs, plus bruyamment, dans un de ces journaux à gros tirage où la moindre campagne a dans toute la presse une répercussion immédiate.

« Ils sont de plus assez philosophes, les professeurs de philosophie, pour savoir qu'il n'est pas de silence éternel, de silence inforçable, et qu'un publiciste, bien résolu et à la dent tenace, démord difficilement d'une idée qu'il estime bonne, utile et généreuse.

« Ils présagent enfin, que si le désir du scandale nous guidait seul, nous aurions mille moyens encore de créer du tumulte autour de la question, ne fût-ce qu'en la faisant porter à la tribune de la Chambre, ou du Sénat, lors de la discussion du budget — par un député ou un sénateur ; — et qu'il n'en manque pas, dans tous les partis, qui se chargeraient volontiers de la cause.

« Non, décidément, vous la méconnaissez étrangement l'Université moderne, avec ses tendances autonomistes, ses conseils de faculté, son Conseil supé-

rieur, et toutes les assemblées indépendantes dont
elle dispose pour régler personnellement, discrètement, silencieusement, ses affaires sans qu'il soit
nécessaire que personne ni du journalisme, ni de la
politique lui dicte ses devoirs, ou lui enseigne son
intérêt... »

La semaine prochaine, nous saurons qui, de mon
ami ou de moi, avait auguré juste.

II

Lettre de M. Th. RIBOT

Professeur au Collège de France.

Monsieur le Directeur,

Je suis peu compétent pour répondre à la question que vous m'avez fait l'honneur de m'adresser. Étranger depuis vingt-deux ans à l'enseignement des lycées, je n'ai pas même pour me guider la pratique, peu enviable, des examens.

J'entends dire (et je pourrais au besoin citer de hautes autorités) que trop souvent l'enseignement est au-dessus des élèves. Aussi, la plupart se dégoûtent ; les autres se grisent de généralités et de formules sous lesquelles ils ne peuvent rien mettre, parce que, pour cela, il faut des années. La faute en est un peu au programme, mais surtout aux méthodes. Est-il donc si difficile au professeur de faire deux parts : celle de son auditoire et la sienne ? Je connais des mathématiciens très distingués qui se contentent d'enseigner à leurs élèves ce qu'ils peuvent comprendre et se gardent bien de les initier aux mystères du calcul différentiel, et je connais des professeurs de philosophie qui agissent de même. Celui qui croit avoir quelque idée originale ou transcendante à produire n'a pas même besoin de l'enseignement supérieur : il y a les livres et les revues qui s'adressent à un public bien plus nombreux.

Recevez, etc.

2.

III

Lettre de M. E. BOUTROUX
Professeur à la Faculté des Lettres de Paris.

à M. HENRY FERRARI,
Directeur de la *Revue bleue.*

Monsieur le Directeur,

Vous me faites l'honneur de me demander mon avis relativement aux critiques formulées contre notre enseignement secondaire de la philosophie dans de récents articles de la *Revue Bleue.* J'hésite à vous répondre, ne pouvant le faire que hâtivement, après les solides et belles études de MM. Janet, Fouillée[1], Maneuvrier, Marion, où l'indépendance et la hardiesse de la pensée ne le cèdent nullement à la connaissance des faits et à l'esprit pratique. Si je vous soumets ici quelques réflexions, c'est pour témoigner du prix que j'attache au lien qui, de longue date, unit la *Revue* à l'Université.

Je pense beaucoup des choses qu'a dites M. Vandérem avec un sérieux railleur; mais je les présenterais d'une manière un peu différente. On ne saurait trop insister sur les mérites des professeurs de phi-

(1) Commenté en ce moment d'une façon intéressante et personnelle par M. E. Labbé dans la revue *l'Enseignement secondaire.*

losophie de nos lycées. Ils sont foncièrement instruits, habiles à composer et à développer, passion-
nés pour la science qu'ils enseignent; et la noblesse
de leur caractère égale la distinction de leur talent.
Il est impossible que le commerce de tels hommes
n'exerce pas sur l'esprit et sur l'âme des jeunes gens
une action salutaire. Les réponses qu'ils font au baccalauréat ne prouvent pas grand'chose. Il s'agit ici
d'impressions secrètes, de germes qui doivent se développer avec le temps, de résultats que la vie seule
pourra manifester. Or ces impressions, il semble bien
qu'un grand nombre de jeunes gens les reçoivent. Je
n'ai guère rencontré d'élève de philosophie qui ne
m'exprimât un vif intérêt pour l'enseignement qui lui
était donné. Il est vrai qu'au début les jeunes gens
sont souvent déroutés. Mais bientôt ils se familiari-
sent avec les termes, avec les problèmes, avec la méthode; et, s'ils se comprennent pas tout, ils saisissent
assez pour désirer de saisir davantage : c'est la condition même de l'homme dans la nature. Cet intérêt
existe souvent jusque chez les plus faibles. J'ai vu des
élèves classés parmi les derniers parler de leur professeur avec enthousiasme, et se montrer fiers de partager avec de plus forts un si bel enseignement. Sans
nul doute il leur en restera quelque chose, ne fût-ce
qu'un certain sens des besoins supérieurs de la nature humaine. La classe de philosophie est très vivante et très prospère, surtout dans les grandes villes.
J'entends dire par des professeurs de rhétorique que
les élèves qui leur reviennent de philosophie, pour se
préparer à l'École normale ou à la licence, ont une tout

autre manière de lire, de composer et d'écrire, et rendent témoignages, par la nature de leurs progrès, de l'efficacité singulière de l'enseignement philosophique.

Qui n'hésiterait à supprimer ou à bouleverser un enseignement dont le principal crime est de trop bien réussir, de se développer sans relâche, grâce à la haute valeur des maîtres et à la complicité des élèves? Convient-il surtout d'en menacer l'existence, alors que l'on ne sait pas au juste ce que l'on veut mettre à la place? Comptons sur le temps, sur la discussion, sur la formation d'une opinion réfléchie, générale et durable, pour introduire peu à peu les changements utiles et mettre l'enseignement secondaire de la philosophie en harmonie avec l'ensemble des études et l'état de notre société.

Les réflexions de M. Vandérem sont opportunes, pourvu qu'on y voie, comme le veut l'auteur lui-même, des impressions qu'il livre au public, plutôt que des propositions fermes de suppression et de reconstitution. Pour moi, si j'entreprenais de philosopher sur ces matières, je me rencontrerais souvent avec votre rédacteur; parfois aussi j'irais plus loin que lui.

Je ne trouve pas, par exemple, que la philosophie ait, dans notre plan d'études, la place que lui assignent ses traditions et son caractère.

Depuis Thalès jusqu'à Hegel la philosophie a été aussi parente de la science que des lettres, de l'art et de la religion; et nous l'avons, je ne sais par quelle méprise, confinée dans la section des lettres. Platon ne permet qu'aux géomètres d'entrer dans son école; Bacon fait la théorie de la méthode des sciences physiques; Descartes aborde la métaphysique pour fonder une physique mathématique; Leibniz cherche l'esprit du calcul infinitésimal; Kant, dans une moitié de sa philosophie, donne une théorie de la science : et nous espérons comprendre les doctrines de ces génies universels et marcher sur leurs traces en nous tenant enfermés, sans mutuelle communication, les uns dans le monde de l'esprit, les autres dans le monde des choses extérieures!

La philosophie ne rentre pas plus dans les lettres que dans les sciences. Elle est la confrontation des choses avec l'esprit, la réflexion de l'homme sur la signification, la valeur, la réalité de ce qu'il sait et de ce qu'il fait. Elle repose sur la science et sur les lettres comme sur deux colonnes; elle s'écroule, dès que l'une est supprimée. Par la religion, par la poésie, par l'art, par la vie intellectuelle, morale et politique, l'esprit naît, se forme et se développe. Par la science proprement dite se révèle à l'homme l'existence d'une nature distincte de lui, ayant ses lois et son développement propres, au regard de laquelle il n'est lui-même, semble-t-il, qu'un produit passager et un accident. Du choc de ces deux puissances jaillit la philosophie. Ainsi elle est née, ainsi elle s'est incarnée en de nouveaux systèmes chaque fois qu'une nouvelle attitude de l'esprit, un nouvel aspect de la nature ont discrédité les systèmes antérieurs.

Dans une Université organisée suivant les affinités naturelles des connaissances, une Faculté commune des sciences et des lettres, embrassant toutes les études d'un caractère purement théorique, existerait en regard des Facultés spéciales, où la théorie est mise au service de la pratique; et dans cette Faculté commune, comprenant autant d'Instituts qu'il y a de groupes naturels de recherches théoriques, l'Institut philosophique représenterait la réflexion de l'esprit humain sur l'ensemble de ses connaissances.

Il est vrai que la philosophie n'est pas l'affaire des jeunes gens au même titre que les autres branches du savoir. Nul doute qu'elle ne convienne surtout à la vieillesse, à l'âge où, par la pratique de la vie, par l'application de ses facultés aux réalités sociales ou naturelles, l'homme s'est acquis un fonds d'idées concrètes où la réflexion puisse se prendre. Il est bon toutefois, pour qui veut être un jour capable de tirer de sa vie un tel enseignement, d'acquérir de bonne heure le sens de la réflexion et de l'examen. La jeunesse est l'époque des créations que développera l'âge mûr. Et ainsi l'éveil de la faculté philosophique fait partie d'une éducation élevée et complète.

Quelques-uns vont plus loin, et veulent qu'elle soit le but même des études. Il y a là, ce semble, une exagération. La philosophie n'est pas la fin de l'éducation, car ni l'action, ni la science ne le supposent. Réfléchir et créer sont deux. Mais il est très vrai que l'homme ne s'est pas contenté de l'arbre de vie. Il a goûté à celui de la connaissance du bien et du mal. Ni l'expérience ni les anathèmes n'ont pu le décourager de réfléchir, et la faculté philosophique est devenue une pièce esssentielle de l'esprit humain. La philosophie exerce d'ailleurs une réaction bienfaisante sur les formes d'activité qu'elle suppose. Elle nous en-

seigne à être difficiles en fait de preuves, et en même
temps à chercher une âme de vérité dans toutes les
conceptions et croyances dont vit l'esprit humain : Par
là elle guide et modère en nous l'instinct d'affirmation
et le sens critique, le besoin de conservation et le
besoin de changement. En toutes choses elle nous fait
chercher l'essentiel et le supérieur : par là elle nous
aide à introduire dans nos connaissances et dans nos
actions les justes rapports et l'harmonie. Si donc la
philosophie n'est pas le but des études, elle en est
le couronnement, et en ce sens elle se superpose aux
lettres et aux sciences dans une éducation libérale.

Il est naturel qu'elle soit enseignée dès le lycée, si
les études secondaires ont pour objet de communi-
quer aux jeunes gens tout ce qu'il y a d'essentiel dans
le patrimoine intellectuel de l'humanité. Cet enseignement pourrait-il être actuellement donné chez
nous à ce point de vue non moins scientifique que littéraire qui est celui de la philosophie véritable? Il ne
semble pas que la chose fût absolument impossible. Il
suffirait de poser en principe que la marche normale
consiste à passer de rhétorique en mathématiques,
et à parcourir le cycle des études scientifiques secondaires avant d'entrer en philosophie. L'enseignement
philosophique s'adapterait dès lors, avec le temps, aux
facultés et aux besoins des élèves, et redeviendrait
conforme aux traditions de la philosophie.

En attendant que les choses soient ainsi remises
à leur place, on peut exprimer le vœu qu'en philosophie comme dans les autres enseignements les cours
présentent une gradation nettement méthodique.

L'esprit ne profite pas à voltiger de sommet en sommet. Il faut qu'il aille du facile au difficile, et qu'il s'assure de bien posséder l'un avant d'aborder l'autre. Certes, l'enseignement de la philosophie doit être élevé, il doit donner aux jeunes gens cette impression qu'ils conversent, par l'intermédiaire de leur professeur, avec quelques-uns des plus sublimes génies qui aient existé, et que ces génies leur communiquent, dans ces entretiens, les plus beaux fruits de leurs méditations. Mais il faut aussi que cet enseignement soit accessible à la moyenne des esprits cultivés. Il faut qu'il provoque chez tous la réflexion, qu'il vise moins à être complet qu'à former l'intelligence et l'âme. Il suffit donc qu'il porte sur un petit nombre de points importants, d'une difficulté moyenne. Mieux vaut approfondir ces questions qu'en effleurer une multitude. Pourquoi les élèves voudraient-ils tout apprendre dès le lycée, et en un an? N'ont-ils pas l'enseignement des facultés pour acquérir, s'il leur plaît, une instruction plus complète? N'ont-ils pas la vie pour devenir philosophes, s'ils y sont appelés? Il y a, ainsi que le dit votre rédacteur, quelque impertinence à juger Descartes, Leibniz ou Kant, alors qu'on est hors d'état de les comprendre.

L'apparition d'un système philosophique n'est pas un phénomène isolé et fortuit : elle est déterminée par les difficultés ou les lacunes constatées dans les systèmes antérieurs, par le progrès des connaissances, par le génie propre du philosophe. Il faut beaucoup d'érudition, d'attention et de pénétration pour reconstituer dans son esprit la genèse d'un système aussi complexe que celui de Kant. Comment comprendre la philosophie critique si l'on ne s'est bien assimilé le dogmatisme ? Comment comprendre les modernes, si l'on ne connaît les anciens ? On entre d'emblée dans la philosophie la plus récente. Mais la philosophie simple, naturelle, à portée de l'homme qui commence à réfléchir, c'est la philosophie antique, encore libre, spontanée, peu contrariée par les exigences de la religion ou de la science. La philosophie moderne, qui connaît les innombrables écueils de la route, qui est tenue de compter avec mille nécessités imposées du dehors, est bien autrement difficile à suivre. Ses inventions sont de plus en plus subtiles et compliquées : le sens et la portée en échappent à celui qui n'a pu observer de près les conditions de son développement.

Est-ce à dire qu'il faut que l'enseignement philosophique s'étendent sur deux années ou même soit commencé dès les classes inférieures ? L'objet des classes de grammaire, d'humanités et de sciences n'est pas de réfléchir sur les idées et les faits, mais d'acquérir des facultés et des connaissances qui pourront devenir l'instrument et la matière de la réflexion philosophique. Le professeur de grammaire prépare ses élèves à comprendre un jour le professeur de philosophie, en fixant leur attention, non seulement sur les mots, mais sur les choses que contiennent les admirables livres qu'il a entre les mains. Peut-on souhaiter un meilleur enseignement de la morale pratique et humaine que le *Selectæ*, lu de suite, d'un bout à l'autre, avec un retour continuel sur l'histoire et la vie ? Pour ce qui est des humanités, elles ne tournaient le dos à la philosophie que si elles se renfermaient dans l'étude de la forme. Mais ce sont des sentiments, des idées, des raisonnements qu'analysent les maîtres en expliquant à leurs élèves le sens d'un discours du *Conciones* ou d'une tragédie de Racine. Les sciences, enfin, ne sont pas uniquement affaire de mémoire. Le professeur de mathématiques explique en quoi une démonstration est vicieuse, le professeur de physique fait comprendre comment l'expérience qu'il présente aux élèves est calculée de manière à démontrer la loi. Un enseignement qui de la sorte s'adresse au jugement et à l'âme est l'introduction toute naturelle à l'étude de la philosophie, de même que chez Kant la lecture des poètes latins et l'étude de la mécanique céleste de Newton préparèrent l'invention de la critique.

Et s'il n'y a pas lieu de philosopher avant la classe de philosophie, il est de même inutile que, dans les lycées, le cours dure plusieurs années. Il ne s'agit ici que d'éveiller le sens et la faculté philosophiques : la vie seule et de profondes études peuvent former un philosophe. A la tâche que doit remplir le maître une année suffit, pourvu qu'elle soit employée à réfléchir sur un petit nombre de choses, non à en apprendre un grand nombre par cœur. L'enseignement de la philosophie dans les lycées est une initiation à la réflexion philosophique, ce n'est pas une exhibition hâtive de toute la philosophie et de toute l'histoire de la philosophie en raccourci.

Agréez, etc.

IV

Lettre de M. Paul JANET.

De l'Institut.

Monsieur le Directeur,

Un de vos jeunes collaborateurs vient de publier dans la *Revue* une série d'articles qui ont fait quelque bruit dans l'Université, et qui soulèvent une question brûlante : c'est le travail de M. Vandérem sur l'enseignement de la philosophie dans les lycées. Vous avez bien voulu me demander mon avis sur cette question. Je suis heureux de vous le donner avec toute liberté et sincérité [1].

Il y a beaucoup de vérités dans l'article de M. Vandérem, mais aussi beaucoup d'injustices, et, je crois, plus d'injustices que de vérités. Je crains qu'il n'ait dépassé le but. Lui-même nous avoue qu'en intitulant son travail : *Une classe à supprimer*, il n'a voulu que faire peur et attirer l'attention par un coup de pistolet chargé à poudre, qu'au fond il n'a voulu dire

(1) J'ai déjà eu l'occasion à deux reprises différentes de traiter la question présente : 1° dans un article du journal *l'Université*, 7 mai 1885, sur la *philosophie et le baccalauréat*, lettre écrite en réponse à M. Ernest Lavisse qui avait exposé des objections analogues à celles qui sont discutées ici ; 2° dans un *Rapport* officiel sur l'enseignement de la philosophie dans les lycées. (*Instruction concernant les programmes de l'enseignement secondaire dans les établissements d'enseignement classique*, 1890.)

qu'une chose : une classe à réformer. Peut-être est-ce une condition du journalisme que de crier fort : je n'en sais rien, n'étant pas journaliste; mais, en général, je crois qu'il ne faut jamais exagérer sa pensée et se servir de l'hyperbole pour introduire quelque atome de sagesse; car on risque de travailler pour d'autres que pour soi. Mais recueillons l'aveu de l'auteur. Il ne s'agit donc plus d'une classe à supprimer, mais à réformer; et l'on pourra mieux s'entendre.

Commençons par constater les faits. L'auteur se plaint que l'enseignement philosophique d'aujourd'hui soit un enseignement creux, sophistique, ennuyeux, passant par-dessus la tête des élèves et où l'on accumule d'une manière toute matérielle les théories, les objections et les réponses, tout l'attirail de la scolastique métaphysique devant des jeunes gens ébahis qui n'ont jamais entendu rien de pareil et qui n'y sont pas préparés.

S'il en était ainsi, je demande comment il se fait que cette classe soit celle qui attire le plus les élèves, et qui même les retient une seconde année après la première; car on sait qu'aujourd'hui les classes de philosophie regorgent de vétérans. C'est là un fait entièrement nouveau, tout à l'honneur de l'enseignement philosophique. Autrefois, soit comme élève, soit comme professeur, je n'ai jamais entendu parler de vétérans en philosophie. On dira que c'est une élite; mais cette élite est nombreuse, et ce changement s'est fait peu à peu et spontanément, sans qu'aucune mesure officielle soit jamais intervenue. Si la première année avait paru à ces élèves insipide, inintelligible, vide de pensées, ils n'éprouveraient pas le besoin d'en faire une seconde dont personne ne leur impose l'obligation.

En second lieu, ce ne sont pas seulement les vétérans qui abondent en philosophie : ce sont les élèves en général dont le nombre a toujours été croissant. De mon temps, lorsque je suis arrivé à Paris, professeur de logique au lycée Louis-le-Grand, en 1857, je trouvai la classe réduite au nombre de 27 élèves, et j'étais le seul professeur. Aujourd'hui, il y a trois ou quatre divisions à Louis-le-Grand et une centaine d'élèves. A Condorcet, il y avait trois divisions, aujourd'hui réduites à deux ; c'est encore très supérieur au nombre des élèves d'autrefois. A Stanislas, il y a trois divisions. Ajoutez qu'il y a plus de lycées qu'autrefois, et tous largement fournis d'élèves en philosophie. Comment s'expliquer cette popularité du cours de philosophie si cette classe était aussi vide et aussi stérile que le veut notre jeune critique ? Dira-t-on que c'est le baccalauréat qui force tant de monde à faire une classe de philosophie ? Mais il y a tant de manuels, de professeurs libres, d'institutions privées, sans compter la concurrence des écoles ecclésiastiques, que rien n'est plus facile que de se préparer au baccalauréat sans passer par l'enseignement officiel. Et d'ailleurs, ce qu'on reproche précisément à cette classe, c'est de dépasser de beaucoup le niveau du baccalauréat. Mais alors qui est-ce qui empêche nos élèves de quitter la classe et d'aller ailleurs !

De plus, il faut juger de l'arbre par les fruits. Si les

classes de philosophie étaient ce que l'on dit, elles devraient produire des esprits faux, abstraits, sophistiques, incapables de notions concrètes et positives.

Que voyons-nous au contraire? Nous voyons au ministère de l'Instruction publique nos trois directeurs qui sont des agrégés de philosophie, des professeurs de philosophie. On peut différer d'opinion avec eux sur les questions pédagogiques, mais nul ne peut mettre en doute la valeur de leur esprit. Quel esprit plus ferme, plus net, plus concret, que celui de M. Liard! Quel esprit plus clair, plus libre, plus naturel que celui de M. Rabier! Quel esprit plus délicat, plus délié, plus élevé que celui de M. Buisson! On peut voir, par ces exemples, si la pratique de la philosophie peut nuire à la pratique des affaires, si le sentiment du transcendant a fait perdre le sentiment du relatif et de la réalité. Ai-je besoin d'ajouter que la philosophie a aussi produit un ministre aussi fort sur le 3 1/2 p. 100 que sur le *Monde comme représentation et volonté;* enfin un président du Conseil qui s'est fait remarquer aussi bien par l'à-propos de ses saillies que par l'énergie de son caractère. Voilà des hommes qui sont sortis de l'enseignement de la philosophie et ils y ont appris autre chose qu'un jeu vain et vide de pensées et un pur bavardage idéologique.

Il est vrai que les exemples mêmes que je viens de citer servent quelquefois d'objections contre la philosophie elle-même. « Vous voyez bien, nous dit-on, que les philosophes se lassent de philosopher, et qu'après avoir joui pendant quelques années du cliquetis des doctrines, ils éprouvent le besoin de toucher un sol plus solide et d'avoir affaire à quelque chose de plus réel. » Mais, je le demaude, pourquoi un philosophe ne pourrait-il pas avoir, en même temps que l'amour de la philosophie, l'amour des affaires et le sens des choses pratiques et, s'il a ce goût, pourquoi ne le satisferait-il pas quand l'occasion s'en présente? Nous ne prétendons pas que l'on ne doit faire dans la vie que de la philosophie. La question est de savoir si la philosophie produit de bons esprits solides, sensés, pratiques; et les exemples que j'ai cités prouvent surabondamment qu'elle a cet effet : ce qui ne devrait pas avoir lieu si cet enseignement était aussi vide et aussi artificiel qu'on le prétend.

Mais laissons de côté les raisons extérieures. Allons au fond des choses. L'auteur de l'article relève avec raison la tendance exagérée de nos jeunes professeurs à s'élever au-dessus du niveau de la moyenne des élèves, et d'abuser du transcendant. Sans nier la valeur de ce reproche que j'ai moi-même exprimé souvent, je voudrais cependant en réduire quelque peu la portée. Il ne faudrait pas oublier que le même reproche a lieu aujourd'hui même contre les classes de sciences, et en particulier des sciences mathématiques. Écoutez les anciens polytechniciens : ils vous diront qu'on a beaucoup trop élevé le niveau des mathématiques; que les élémentaires d'aujourd'hui sont les spéciales d'autrefois; que les spéciales traitent aujourd'hui des questions qu'on n'abordait pas jadis à l'École elle-même. J'ai entendu un savant illustre se plaindre qu'aujourd'hui on imposât

Maxwell au baccalauréat. C'est là, bien entendu, un paradoxe insoutenable; mais il prouve qu'il y a partout, à tous les étages, une tendance à élever le niveau de l'enseignement. A quoi cela tient-il? A la nature des choses. C'est le propre de la science de faire sans cesse des progrès; ce qui était transcendant hier est devenu élémentaire aujourd'hui. Les écoles, sans doute, né doivent suivre que de loin ce mouvement et ce progrès; mais elles doivent le suivre. Personne ne voudrait qu'on enseignât aujourd'hui la science comme on l'enseignait au xvii° siècle. Il faut donc que l'enseignement se développe avec la science elle-même, que le nouveau vienne sans cesse s'ajouter à l'ancien. De là des programmes de plus en plus chargés, des questions nouvelles, des points de vue plus compréhensifs et plus généraux. C'est le fruit du progrès lui-même. Sans doute il était plus facile de faire ses études au temps d'Homère, mais nous sommes de notre siècle, et c'est là une loi d'airain qu'il nous faut subir.

Ce que nous venons de dire des sciences explique, *mutatis mutandis*, ce qui se passe en philosophie. Je n'ai pas la prétention de soutenir que la philosophie fasse des progrès de la même manière que les sciences, en ajoutant sans cesse certitude à certitude, vérité à vérité; mais ce qui est vrai, c'est que les questions philosophiques se renouvellent avec les époques, qu'elles prennent d'autres formes, qu'elles font naître d'autres difficultés, qu'elles exigent par conséquent plus de contention d'esprit. Au fond, c'est toujours la même chose, et les mêmes luttes recommencent sous d'autres noms. Mais il faut changer les formes, autrement vous n'aurez pas l'oreille des jeunes générations. Je ne dis pas que je ne souffre pas quelquefois de voir que de vieilles vérités exprimées en langage simple et naturel laissent les esprits absolument insensibles, tandis que les mêmes idées, sous formes compliquées et abstruses, séduisent les imaginations ; mais il faut savoir faire abstraction de soi-même et ne voir que le but. Or il est incontestable que les esprits aujourd'hui sont plus compliqués qu'autrefois, rien de simple ne les satisfait : « Heureux, disait Brizeux,

Heureux qui sait se prendre au pur amour des choses !

Mais ceux-là sont de plus en plus rares. Tout est compliqué : le drame, le roman, la politique, l'éducation ; ce besoin du compliqué se fait sentir dans la jeunesse elle-même avant même qu'elle ait appris à penser. Elle le respire dans l'air ambiant. Rien de plus étrange que cette anticipation de l'esprit du temps chez ceux qui n'ont pas encore vécu. Voyez les enfants : comment se fait-il qu'ils soient devenus incapables de lire Berquin ou Bouilly, tandis qu'ils dévorent immédiatement, aussitôt qu'on les leur a mis entre les mains, les contes réalistes de la comtesse de Ségur, et les romans si compliqués et si artificiels de Jules Verne ? Il semble qu'ils devraient être à l'état de table rase, et s'intéresser aussi bien aux uns qu'aux autres ; eh bien ! sans le savoir, ils sont déjà naturalistes, romantiques, avant de savoir lire. Ainsi de nos jeunes étudiants.

3.

Faites l'expérience. Imaginez une classe de philosophie dans laquelle on ne se servira que du Manuel de Jacques Simon Saisset : quelque lumineux que soit ce Manuel, quelque solide qu'il soit, les élèves s'y ennuieront; les choses sont trop simples, même pour ceux qui ne savent rien. Il faut, pour intéresser les jeunes gens, un grain de mystère, un grain d'obscurité, un grain de transcendance; seulement un grain, je le reconnais : nos jeunes philosophes en ont mis des tas; mais un grain n'est pas trop. La philosophie ne doit pas se borner à dire comme M. Jourdain : « Nicole, apportez-moi mes pantoufles. » Le charme de cette science c'est l'inconnu, l'abîme, l'impénétrable.

C'est ainsi que nous-même l'avons apprise et reçue dans un temps bien différent du nôtre; mais l'obscur et le transcendant changent avec les époques. Je me souviens encore avec émotion de la leçon de mon professeur de philosophie dans laquelle il nous apprenait la différence de la substance et du mode. On a été bien plus loin depuis. Il n'en est pas moins vrai que pour moi c'était alors du transcendant. Je me vois encore revenant du lycée et me disant en moi-même, en regardant une maison de la rue de Vaugirard : « Quand je pense que dans cette maison, il y a une substance et des modes ! » Qu'était-ce que la substance de la maison ? Je n'en savais rien, mais je croyais qu'il y en avait une; et ce mystère était le charme même qui faisait pénétrer cette vérité dans mon âme, et si avant qu'elle y est encore aujourd'hui.

L'expression la plus vive dont se sert notre jeune

critique pour rendre l'ébahissement des élèves de philosophie est celle-ci : Ils sont *étonnés*. Eh bien oui ! ils sont étonnés ; et c'est justement ce qu'il faut : c'est le bien que produit dans leur esprit la philosophie : « L'étonnement est le commencement de la science, dit Platon : Iris est fils de Thaumas. » Le critique nous dépeint avec esprit le singulier état où doivent être ces jeunes enfants lorsqu'on vient leur dévoiler les mystères de l'idéalisme. Je crois que cet étonnement est un grand bien. Je ne suis pas idéaliste (et pour le dire en passant, je crois bien que personne ne l'est ; ce qu'on appelle idéalisme n'est qu'un réalisme raffiné), mais je crois très utile d'apprendre aux jeunes gens que l'on peut douter de l'existence des corps aussi bien que de l'existence des esprits, et même que l'existence des corps est plus difficile à prouver que l'existence des esprits. C'est cet idéalisme qui nous a sauvés depuis trente ans d'un positivisme grossier et d'un matérialisme bête. Je suis donc tout disposé à dire de l'idéalisme comme le médecin du remède à la mode : « Servez-vous-en pendant que cela guérit. »

L'auteur s'en prend aux programmes, qu'il trouve lourds, chargés, pédantesques : il en parle bien à son aise. Je voudrais l'y voir. J'ai dû, depuis bientôt quatorze ans que j'ai l'honneur d'être membre du Conseil supérieur, collaborer à plus de vingt programmes de philosophie et de morale, et cela avec les collaborateurs les plus éminents : MM. Liard, Masson, Rabier, Charpentier, Buisson ; eh bien ! nous nous sommes toujours trouvés entre deux excès : ou ne rien dire, ou dire trop. Tous nos programmes, dans tous les genres, sont des cotes mal taillées entre ces deux dangers.

Par exemple, je rappellerai comment les choses se sont passées pour l'enseignement de la morale dans les écoles primaires. C'était un enseignement nouveau ; on avait le droit de chercher à faire du nouveau. On commença donc par dire : Point de programme du tout. La morale ne s'enseigne pas comme l'arithmétique, comme l'histoire naturelle, par 1, 2, 3, etc. Elle est tout entière dans le sentiment. Très bien ; mais allez donc vous en rapporter au sentiment des 40 000 instituteurs de France ? Ces esprits simples savent-ils assez parler pour improviser sur la morale, et pourrait-on même, fussent-ils orateurs, s'en rapporter exclusivement à leurs improvisations ? Même le clergé qui enseignait la morale jusqu'alors avait pour base quelque chose de positif : c'était le catéchisme qui valait bien un programme ; même les homélies sont plus ou moins des morceaux préparés d'avance, et sur des types donnés. On conclut qu'il fallait au moins quelques instructions pour guider les instituteurs, quelques cadres, quelques règles générales ; mais là encore se borner à des têtes de chapitres, c'était encore ne rien dire. Il fallait préciser. Bref, on en revint à faire un programme de détail, comme on avait toujours fait.

De même en philosophie ; point de programme, dira-t-on. Mais ce serait abonder précisément dans le mal que l'on dénonce, à savoir la liberté donnée au professeur d'abonder dans ses idées personnelles au lieu de prendre pour but l'intérêt des élèves. On trouve déjà que chacun y met trop du sien ; que sera-ce s'il n'y a point de programme du tout ? Pour l'un, la philosophie sera la sociologie : pour l'autre, la métaphysique pure ; pour l'autre, la psychologie physiologie ; mais alors le fruit de l'enseignement philosophique, qui est précisément l'esprit de généralité, l'esprit de synthèse sera entièrement perdu. Il faut donc un programme, mais un programme que le professeur suive librement ; car nous avons eu raison d'accord la liberté des méthodes, tout en imposant la nécessité d'embrasser toutes les matières.

Maintenant, ces programmes sont-ils trop chargés ? Cela est possible ; mais, si cela est, le remède est facile, et il n'est pas besoin de revenir sur la besogne fastidieuse dont le Conseil supérieur a été à plusieurs reprises chargé. Le remède est dans l'enseignement même des professeurs. Ils n'ont qu'à faire porter leurs efforts sur les portions capitales, et pour le reste se borner à l'essentiel ; à ce qui est absolument nécessaire pour que la suite des idées ne soit pas rompue. Dans ces conditions-là, et je crois bien que c'est ainsi que les choses se passent en réalité, les élèves sauront tout ce qu'il faut savoir pour l'examen du baccalauréat, et le surplus ne nuira pas au nécessaire. Le professeur pourra ainsi s'étendre plus ou moins suivant sa nature d'esprit, suivant ses goûts, et il pourra aussi changer de point de vue d'année en année ; ce qui sera d'ailleurs à l'avantage des élèves, puisque le professeur sera obligé de travailler à des matières nouvelles, et qu'il ne se renfermera pas dans un cours stéréotypé. Ainsi l'originalité des professeurs se mettrait d'accord avec l'obligation des programmes.

Ce qui m'a le plus frappé dans le travail de M. Vandérem, c'est qu'il semble dire que l'enseignement de la philosophie, même aujourd'hui, est encore scolastique; qu'on y expose les questions par des 1°, 2°, 3°, avec objections et réponses; comme au temps de saint Thomas. Il semble penser que c'est abaisser les grandes questions philosophiques que de les réduire en termes formels et techniques, comme on enseigne la mécanique ou la théologie, laquelle reposant sur des dogmes absolument définis, emploie nécessairement la méthode déductive et les procédés scolastiques.

J'ai peine à croire qu'il en soit ainsi. Il y a bien longtemps que je n'ai visité une classe de philosophie à Paris; mais je connais la plupart des philosophes qui y enseignent, et il me semble qu'ils ont en général trop de talent, trop d'imagination, trop de sens littéraire, pour réduire leur enseignement à quelque chose d'aussi froid et d'aussi matériel que le dit l'auteur; mais, en fût-il ainsi, je crois qu'il y a encore ici des observations restrictives à apporter.

L'auteur ferait croire à ceux qui ne connaissent pas nos classes, que la leçon dogmatique est le seul exercice de la classe : ce serait une grave erreur. Il y en a deux autres, non moins essentiels, et même encore plus instructifs et fécondants : c'est l'interrogation et la correction des devoirs; c'est là que la

classe de philosophie devient véritablement vivante;
c'est là que la méthode socratique peut être appli-
quée; c'est là que l'esprit de liberté se fait jour, que
l'on peut faire pénétrer la philosophie dans l'âme, et
dans le fond des esprits; c'est là enfin que le philosophe sera véritablement philosophe. Là il se fera
tout à tous, humble avec les humbles, fort avec les
forts, littéraire avec les lettrés, scientifique avec les
savants. C'est là qu'on apprend aux élèves à faire
usage des notions qu'on leur a fournies dans les leçons
dogmatiques. C'est là aussi, par la composition surtout, qu'on fera sentir le rapport de la philosophie
abstraite avec la vie concrète et réelle. On montrera
comment les formules abstraites se vivifient au contact de la réalité, par exemple comment cette formule
bizarre de Kant : *L'homme est une fin en soi*, aboutit à
l'abolition de l'esclavage; on montrera, comme dans
les anciennes rhétoriques, l'application des lois du
syllogisme à l'analyse du *Pro Milone;* comment les
théories de l'idéalisme viennent se rencontrer avec
les plus belles paroles de l'Écriture : *Renovabitur facies
mundi.* Inutile d'insister sur ces exemples; nul doute
que nos professeurs ne puissent, bien mieux que moi
en donner d'autres applications. De même par l'interrogation, la causerie, la discussion, on apprend
aux élèves d'une manière toute pratique l'art de penser. Comment ceux qui combattent l'enseignement
de la philosophie ne voient-ils pas que les discussions qui sont dans le monde et qui occupent la vie
des hommes sont toutes, ou du moins la plupart, des
discussions semblables à celles de la philosophie? En

effet, quelles sont ces grandes questions? Sont-ce les questions scientifiques? Non: celles-ci ne partagent que les savants spéciaux; mais les questions vivantes, celles des tribunaux, des assemblées politiques, de la famille même, sont des questions de droit ou d'utilité, d'éducation, d'esthétique, et même de haute métaphysique, toutes celles, par exemple, qui touchent à la religion. Qu'est-ce donc que la question du pessimisme, de la valeur de la vie, de la vanité des choses humaines que l'on voit traiter aujourd'hui jusque dans les romans? Qu'est-ce donc que ces débats sur le socialisme, sur le protectionnisme et enfin sur la paix et sur la guerre, sur le mariage, sur la liberté de l'enseignement, etc., si ce n'est des discussions générales portant sur des idées qui ne se laissent pas ramener à la rigidité des méthodes scientifiques. Le droit, l'économie politique sont de la philosophie en action. Apprendre à raisonner en philosophie, c'est apprendre à raisonner en toutes choses. Je ne méconnais nullement l'utilité et la nécessité des autres modes de culture, les lettres, l'histoire, la science. Mais le gouvernement de la pensée abstraite est le domaine propre de la philosophie; elle est à la pensée concrète ce que l'anatomie est à la médecine.

Pour en revenir à la leçon dogmatique, je comprends très bien qu'un esprit littéraire, qui préfère l'imagination à l'abstraction, soit un peu choqué de voir développer la philosophie comme un enseignement matériel, que l'on découpe en tranches, en quelque sorte, et d'une manière tout artificielle. Il semble qu'il pourrait dire : « J'en ai une idée plus élevée que vous; je dirai volontiers de la métaphysique ce que Platon dit de la poésie, qu'elle est quelque chose d'ailé, τί πτερόν. Je voudrais voir et sentir l'esprit, et vous ne nous donnez que la lettre. » Tout en faisant nos réserves, comme plus haut, sur la vérité de ces reproches, je dirai cependant que l'expérience a démontré à tous les professeurs que tout enseignement suppose une matière, et que cette matière, c'est au maître à la fournir; l'esprit, pour arriver à penser par lui-même, a besoin qu'on lui suggère d'abord des idées; il ne les trouvera pas tout seul; et elles ne seraient pour lui qu'un chaos confus, si on ne les présentait dans un certain ordre. Tout enseignement est nécessairement didactique, c'est même un pléonasme. Ces numéros d'ordre dont vous parlez, 1°, 2°, 3°, et les réponses de saint Thomas : *ad* 1um, *ad* 2um, *ad* 3um, sont les jalons, les points d'appui à l'aide desquels on s'élève peu à peu à l'intelligence des choses en elles-mêmes. Plus tard l'élève se débarrassera de cet échafaudage; il s'apercevra tout à coup que les idées qu'il n'avait d'abord retenues que de mémoire sont à sa libre disposition, qu'il se les est assimilées, comme celui qui apprend une langue étrangère apprend qu'il la sait, lorsqu'il s'aperçoit qu'il parle dans cette langue. Le mécanisme qui leur a appris à franchir l'intervalle qui sépare la mémoire de la pensée, sera brisé; il pourra le regarder de loin et de haut et jouir de sa pensée libre; mais, sans ce mécanisme, il n'aurait jamais rien pensé du tout.

Maintenant, cet enseignement philosophique est-il trop élevé, et dépasse-t-il la portée du niveau moyen des élèves? Je n'en sais rien. Déjà, il y a quelques années, dans une discussion semblable à celle-ci, où j'avais défendu aussi fortement que j'avais pu la cause de la philosophie, j'avais fait cependant quelques réserves, et j'avais demandé à nos professeurs de philosophie de mitiger quelque peu leur ardeur métaphysique et, comme je le disais, de baisser la note d'un quart de ton. L'un d'entre eux, l'un des plus forts et des plus spirituels, avait bien voulu me répondre que ses amis et lui étaient disposés à baisser non seulement d'un quart de ton, mais d'un demi et même d'un ton tout entier. Je veux croire que cela a eu lieu. En tout cas, que nos jeunes professeurs y fassent bien attention. La destinée de la philosophie est entre leurs mains. Ceci est un avertissement dont il ne faut pas faire fi. En ce moment les vents sont pour nous; aussi n'avons-nous rien à craindre. Mais les vents sont changeants. Vienne quelque bourrasque, soyez convaincus, mes chers amis, que ce sera la philosophie qui paiera les pots cassés, comme cela est toujours arrivé.

La thèse opposée à celle que nous défendons, c'est que la philosophie n'est pas faite pour l'enseignement secondaire, mais pour l'enseignement supérieur comme en Allemagne. M. Vandérem n'ayant pas fait porter la question sur ce terrain, je ne vois pas la nécessité de m'y engager; je n'en dirai qu'un mot.

La principale raison de ceux qui soutiennent cette doctrine, c'est, comme nous venons de le dire, l'exemple de l'Allemagne. L'Allemagne est devenue notre idole depuis qu'elle nous a humiliés. Tout ce

qui se fait en Allemagne est toujours mieux que ce
qui se fait en France. Je voudrais bien cependant que
ceux qui connaissent l'historique de l'enseignement
philosophique en Allemagne, m'expliquassent les
faits suivants :

J'ai entre les mains un *Manuel de philosophie*, tra-
duit de l'allemand en français par M. Poret en 1837.
L'auteur allemand est Matthiæ, directeur d'un gymnase et professeur de philosophie dans un gymnase
(ou lycée); et il nous avertit dans sa préface que ce
manuel est son propre cours. Or, ce cours comprend
quatre parties, absolument comme les nôtres et dans
le même ordre : psychologie, logique, morale et métaphysique. L'ouvrage eut du succès puisque la traduc-
tion porte sur la troisième édition; et l'auteur nous
apprend qu'il y avait à cette époque une tendance à
développer la philosophie dans l'enseignement secondaire et c'est dans ce but qu'il publiait son *Manuel*.
Il dit lui-même : « *L'enseignement philosophique étant
maintenant introduit dans plusieurs écoles,..* » et le tra-
ducteur dit aussi dans sa préface :

« Ce manuel, fruit de vingt années de leçons, est
devenu le texte et le programme de *L'enseignement
philosophique récemment introduit dans les gymnases
de la Prusse*, le pays de l'Allemagne qui est le plus
empreint du génie moderne et qui s'entend le mieux
à l'application. » Il me semble résulter de ces textes
qu'après 1830, et sous l'influence libérale de cette
grande époque, la philosophie a tenté de s'introduire
et de se développer dans les gymnases, comme en
France dans les collèges. Seulement, comme en Alle-

magne la tradition n'y était pas, l'œuvre fut moins solide et moins forte, et le souffle de la réaction de 1850 eut moins de peine à triompher; tandis qu'en France la substitution de la logique à la philosophie fut une simple apparence, les choses au fond restant les mêmes, en Allemagne la réforme fut radicale et ce fut exclusivement la logique qui triompha et même la logique aristotélique. Il n'en est pas moins vrai que c'est l'esprit libéral qui introduit la philosophie dans les classes et l'esprit rétrograde qui l'en bannit. On voit que l'exemple de l'Allemagne ne prouve rien, et que quiconque touche à la philosophie touche à la liberté de l'esprit.

Je terminerai par un mot : l'auteur des articles paraît désirer que l'enseignement de la philosophie soit préparé dans les classes antérieures par un petit cours de philosophie approprié à chaque classe. Je suis très opposé à cette mesure, qui, je crois, serait fatale à la philosophie elle-même, en lui ôtant précisément le caractère de nouveauté qui cause l'étonnement mais en même temps impose le respect et provoque l'attrait. Ce qui caractérise la philosophie par rapport aux classes antérieures, c'est la pensée considérée à nu et dans son abstraction. Ce caractère doit lui être conservé, et non pas défloré d'avance par de petits morceaux de philosophie et par de faibles et inutiles anticipations.

Paul JANET.

V

Lettre de M. Alfred FOUILLÉE,
Membre de l'Institut.

L'ENSEIGNEMENT PHILOSOPHIQUE
ET LA DÉMOCRATIE FRANÇAISE

I

La libérale direction de la *Revue Bleue* me demande mon opinion sur l'enseignement philosophique dans les lycées. Je rappellerai d'abord que la question est longuement examinée dans mon livre sur l'*Enseignement au point de vue national*. Ceux qui ont lu ce livre et les autres, bons ou mauvais, que j'ai consacrés aux questions morales et sociales, refuseront sans doute de me ranger au nombre des « métaphysiciens métaphysiquants, que l'indéchiffrable seul attire, que l'absolu seul inquiète, qui visent la *substance* uniquement et l'au-delà ». La substance, nul philosophe ne s'en occupe aujourd'hui; quant à l'au-delà, ne nous en moquons point : en mainte circonstance, de nos opinions sur l'au-delà dépend notre conduite *en deçà*.

La chronique impressionniste de M. Vandérem a fait mentir le dicton : *In cauda venenum*. Le venin n'était que dans le titre : « Une classe à supprimer. » Le contrepoison est dans la fin : — loin de supprimer la philosophie, il faut l'étendre, la fortifier, la graduer, en faire pénétrer l'esprit dans les classes mêmes de lettres et de sciences. — A la bonne heure! voilà un premier point acquis et le plus important : maintien des classes de philosophie.

Dans un pays comme le nôtre, ces classes sont plus nécessaires que partout ailleurs. Quels sont, en effet, les dangers de la démocratie? Le premier est la généralisation de l'utilitarisme et de l'esprit positif, qui, en dehors de la philosophie, n'aurait plus d'autres correctifs que des croyances irraisonnées et contradictoires entre elles, ou des incroyances non moins irraisonnées et non moins contradictoires. Supprimez la classe de philosophie, qui est, comme le dit M. Vandérem lui-même, « le vrai complément, l'achèvement de ce qu'on appelle de ce beau nom, les humanités », vous n'aurez plus, d'une part, que des élèves de sciences absorbés dans les études qui doivent être utiles à leur profession; d'autre part, que des littérateurs et rhéteurs, des dilettantes habitués à parler de tout sans rien connaître et destinés à être les décadents du lendemain. L'étude sérieuse et désintéressée des grandes questions morales et sociales est indispensable pour que l'élite de la démocratie ne se réduise pas tout entière à des praticiens sans idées, à des spécialistes sans vues générales, à de simples commerçants ou industriels sous toutes les formes, qu'ils soient légistes, médecins, ingénieurs, officiers, politiciens.

Le second danger des démocraties, dans les temps modernes et surtout à l'heure actuelle, c'est le scepticisme intellectuel et moral. La lutte des opinions religieuses, politiques, sociales, l'extrême liberté de

la presse, la Babel de journaux, de romans, de pièces
de théâtre, où toutes les théories sont soutenues et
ébranlées tour à tour; le relâchement de la discipline
dans la famille d'abord, puis dans la société; la licence
des rues; l'indulgence des tribunaux eux-mêmes, les
sophismes des avocats, les scandaleuses décisions des
jurys; l'immoralité politique et financière, le mouvement ascendant de la criminalité, tous ces maux
résultent en grande partie de ce que le développement intellectuel de la nation et la liberté croissante
de ses membres n'ont point pour parallèle un développement simultané des idées morales et des sentiments moraux; si bien que l'éducation semble diminuer à mesure que l'instruction augmente. Malgré une
importance que nous avons ailleurs mise en lumière,
les sciences pures et les lettres pures sont tout à fait
insuffisantes pour lutter contre les maux actuels. Les
vérités de l'algèbre et de la chimie n'ont par elles-
mêmes aucune valeur morale et s'appliquent avec
indifférence au bien ou au mal : la formule des
mélanges explosifs, enseignée à un bachelier ès
sciences, pourra servir à percer un tunnel ou à faire
sauter un édifice. Les lettres pures sont sans doute
moins étrangères à la morale, mais le beau littéraire
est loin d'être le bien. A notre époque surtout, les
littérateurs pullulent qui affectent la plus parfaite
indifférence à l'égard des conséquences morales et
sociales. L'histoire, qui par elle-même est si peu une
école de moralité, ne le devient que si un moraliste ou
un philosophe sait en tirer des leçons. Sans cela, elle
reste un chaos de faits où chaque parti trouve toujours

des arguments pour son opinion. Ne voyons-nous pas les grands hommes qui semblaient le mieux connus, comme Bonaparte, présentés aujourd'hui sous les aspects les plus contradictoires?

La confusion et le conflit des idées ainsi répandues dans les livres de littérature, d'histoire et même de sciences (car nos savants mêlent parfois à leurs expositions des assertions philosophiques, le plus souvent matérialistes), aboutit fatalement au scepticisme théorique et pratique. Ce scepticisme pénètre jusque dans les collèges, et ce n'est pas la moindre tâche de nos maîtres de philosophie, ni la plus aisée, que de détruire le fâcheux retentissement des divisions du dehors dans l'âme des jeunes gens.

— Mais, dira-t-on, les opinions philosophiques sont elles-mêmes divisées. — Elles le sont infiniment moins, répondrons-nous, que les opinions *non philosophiques*. La recherche méthodique de la vérité est l'unique moyen de réduire les divergences au minimum et de poser enfin des alternatives bien définies. Le prétendu désaccord des philosophes (ou, pour mieux dire, des métaphysiciens) est beaucoup moins considérable et bien plus délimité que le désaccord de ceux qui ne sont pas philosophes. Il suffit, pour s'en convaincre, d'avoir assisté à une discussion d'amateurs; si le monde est livré aux disputes, c'est à celles des ignorants et des instinctifs, bien plus qu'à celles des hommes instruits et réfléchis : *tradidit mundum disputationibus eorum.* Les « hercules de la foire philosophique » se battent beaucoup moins entre eux que les pygmées de la foire non philosophique, et ce sont

ceux-ci qui s'entre-tuent. Au reste, l'enseignement des
lycées doit avoir précisément pour objets principaux
les points où l'accord est le plus grand entre les
penseurs. Il y a aujourd'hui, dans le domaine philosophique, moral et social, assez de vérités établies
pour fournir ample matière à un enseignement
capable de raffermir les consciences de toutes parts
ébranlées. Comme chacun est obligé d'avoir une philosophie quelconque, c'est-à-dire une conception du
monde et de la vie, et que ne pas philosopher est
encore une manière de philosopher (la pire de toutes
et la plus funeste), les jeunes gens qui n'ont point
fait d'études régulières et complètes se trouveront
réduits plus tard à la philosophie des journaux et
des romans, ou à celle des conversations après dîner.

Un troisième danger, inséparable des précédents,
c'est l'intolérance. Elle marche toujours à côté du
scepticisme, et souvent chez le même individu. Il n'y
a point de sceptique absolu, pratiquant la vraie sus-
pension du jugement. Il faudrait savoir trop de choses
pour pouvoir douter de tout. Un omniscient aurait
seul le droit d'être sceptique, et précisément il ne
pourrait l'être. Les prétendus douteurs ne sont d'ordinaire que des négateurs d'un côté, des dogmatistes
de l'autre. Rien de tranchant comme les fanfarons
de scepticisme. Chez les jeunes gens surtout, chez
certains rhétoriciens ou certains candidats aux écoles
scientifiques, il ne peut y avoir qu'une affectation de
scepticisme, cachant une confiance exagérée, d'abord
en eux-mêmes, puis dans les prestiges de la littérature et de l'éloquence, ou dans l'infaillibilité de *la*

Science, cette nouvelle papauté. Comme tous ceux qui ont encore peu pensé et peu vécu, les jeunes gens sont naturellement simplistes. Privés de l'enseignement philosophique, ils auront l'intolérance qui résulte toujours des idées simples, jointes à la présomption de l'ignorance. Un des résultats de la philosophie, c'est de faire sentir aux jeunes gens la complexité des questions, de leur faire savoir qu'ils ne savent rien. Ce résultat est particulièrement nécessaire en France, où l'esprit simpliste et superficiel, avec l'amour de la fausse clarté, est dans le tempérament même de la nation. Le dilettantisme soi-disant sceptique n'est qu'un masque recouvrant une réelle intolérance, qui se manifeste plus tard par l'obstination de chacun à se renfermer dans son opinion. Cette sorte d'égoïsme intellectuel ne peut qu'augmenter encore la division des esprits.

Quel est donc le seul moyen d'éviter l'anarchie intellectuelle et morale, de ramener quelque union et dans les pensées et dans les cœurs? N'est-ce pas d'établir solidement un certain nombre de principes et de faits sur lesquels tout le monde doit s'entendre, d'autant plus qu'ils sont le fondement même de l'ordre social?

Ces principes et ces faits sont beaucoup plus nombreux qu'on ne le croit généralement. Nous nous heurtons ici à un préjugé. Beaucoup de personnes, même très instruites, en sont restées à la vieille conception de la philosophie immuable. Elles confondent la philosophie tout entière avec la métaphysique, et encore avec l'ancienne métaphysique. Or, c'est une erreur que de nier les progrès considérables et de la psychologie, et de la logique, et de l'esthétique, et de la morale, et de la science sociale, et enfin de la métaphysique elle-même, de la philosophie générale, où un certain nombre d'hypothèses ont été éliminées par la critique, pour ne guère laisser subsister en présence que deux grandes conceptions de l'existence et de la conduite.

Quant à renvoyer l'enseignement de la philosophie aux facultés, où, sur cent élèves, deux ou trois au plus viendraient le chercher, ce serait, par naïveté ou par perfidie, supprimer cet enseignement. Dans les facultés, les cours de philosophie sont suivis régulièrement par le petit nombre de ceux qui se destinent à professer eux-mêmes la philosophie dans les lycées ou collèges ; supprimez ce professorat, il ne restera plus devant les chaires des Universités que quelques rares amateurs sans initiation préalable. Et si l'on veut un nouvel exemple de l'éparpillement intellectuel, du particularisme de la pensée, c'est dans nos facultés qu'il faudra alors le chercher; dans nos facultés, où le souci croissant des examens et des positions à conquérir cantonnera chaque étudiant en des spécialités de plus en plus étroites. L'unité ne se fera pas toute seule dans des esprits qui poursuivront les voies les plus différentes. Si cette unité n'a pas été commencée dès le lycée sur les points essentiels, les Universités ne feront qu'augmenter encore l'émiettement général et le désarroi des doctrines[1].

(1) On commence à le comprendre en Allemagne et on songe à rétablir dans les établissements secondaires « un enseignement philosophique proprement dit et direct ».

II

Reste à examiner s'il est vrai que notre enseignement actuel de la philosophie dans les lycées ne réponde pas à sa fin morale et sociale. Je dirai d'abord en toute sincérité que le tableau fait par M. Vandérem des cours de lycée est fantastique. Les rapports émanant de l'inspection générale ou des doyens de facultés, sont unanimes à reconnaître que, de tous les enseignements, c'est celui de la philosophie qui « a fait le plus de progrès », auquel les élèves « s'intéressent le plus et dont ils profitent le mieux » (Voir les rapports depuis dix ans). Il n'est pas un inspecteur général qui n'ait confirmé ce fait, pas un doyen de faculté qui n'ait constaté spontanément que les compositions de philosophie sont encore, en somme, « l'épreuve la plus satisfaisante [1]. » J'ignore de quel « cours » ou de quel « manuel » M. Vandérem fut jadis la « victime », mais les prétendues victimes d'aujourd'hui seraient les premières à imiter les élèves du lycée Condorcet et à réclamer contre toute atteinte à un enseignement qu'elles suivent avec fruit. M. Boutroux a dit le mot : « Le vrai tort de l'enseignement philosophique, c'est son succès. » — Sur 40 élèves, il y en a, prétend-on, une dizaine seulement qui profitent. — Qu'en peut-on savoir, comment mesurer le profit? Et quand ce serait vrai, n'en pourrait-on pas dire autant des classes de latin, de grec, de,

____

(1) Et quel est l'exercice qui forme mieux l'esprit, qui apprend mieux à penser, à composer, à écrire, que la dissertation sur un sujet de philosophie?

sciences? Mais c'est ce que dément de la façon la plus
formelle l'expérience des hommes compétents. On
veut bien ajouter que les professeurs de philosophie
sont ce qu'il y a « de plus fort, de plus éclairé, de
meilleur dans le corps universitaire »; seulement,
dit-on, les meilleurs professeurs font les pires élèves.
C'est vraiment jouer de malheur! On s'apitoie sur ce
« jeune et savant agrégé réduit à s'enfermer deux
heures dans une caisse de bois, avec, sous les yeux,
un auditoire enfantin, inapte,... aussi étranger à son
âme, aussi loin de lui qu'un tas de petits Papous. »
Si les élèves sortant de rhétorique n'étaient encore
que des Papous, cela serait peu flatteur pour la rhétorique. Quant aux maîtres de philosophie, qu'on se
rassure : du plus humble collège au plus grand lycée,
il n'est peut-être pas un de nos jeunes maîtres qui,
loin d'accomplir avec dégoût sa mission, ne soit au
contraire un enthousiaste, souvent un apôtre. Ce n'est
point par manque d'ardeur, mais quelquefois par
excès que pèchent professeurs et élèves. La philosophie n'est pas une personne indifférente : on l'aime
ou on ne l'aime pas, mais on ne saurait l'aimer à
moitié. On n'enseigne point et on n'écoute point ce
qui concerne l'homme, la société et leur destinée,
avec le même calme que la grammaire ou l'arithmétique.

Que reproche-t-on donc à nos cours de philosophie?
D'abord la « nouveauté » des questions. — Mais la
psychologie et la morale sont-elles plus « nouvelles »
et plus « étranges » que la physiologie ou l'algèbre?
Quant au « dialecte nouveau », qu'y a-t-il de si « im-

pénétrable » dans ces termes que l'on cite en exemples : « image, sensation, perception, premiers principes, finalité, sensibilité, causalité, monde extérieur ? » Monde extérieur ! Est-ce plus difficile à comprendre que *sinus* et *cosinus* ?

La seconde objection, c'est que les questions sont, dès le début, trop difficiles. On pourrait répondre que le sentiment de la difficulté des problèmes philosophiques est précisément un des plus utiles à faire pénétrer dans l'esprit des élèves ; mais, en fait, les questions sont beaucoup moins inabordables pour tous qu'on ne le suppose. M. Vandérem a fait un mauvais rêve : il a assisté en imagination à une leçon sur « l'idéalisme transcendantal et l'immatérialisme de la matière », et cette leçon arrivait « immédiatement *au début* du cours » ! Or il suffit de jeter les yeux sur les programmes : les leçons sur l'idéalisme et le matérialisme arrivent tout à la fin. Il a aussi entendu, en rêve, exposer une théorie spéciale de Hegel sur le monde extérieur. Pour notre part, nous ne connaissons pas cette théorie, et nous osons affirmer que pas un professeur, en France, ne parle de Hegel à propos de la perception extérieure. Hegel est d'ailleurs bien oublié chez nous. De même, qui a jamais commencé son cours par cette question : « *La philosophie est-elle un art ou une science ?* » Du temps de Molière on discutait longuement un problème de ce genre à propos de la *logique*, non de la philosophie ; aujourd'hui la réponse tient en deux mots : — La théorie de la logique est une science, la pratique est un art... et dès plus difficiles.

Par un coup de théâtre inattendu, les conclusions de l'article sont juste à l'opposé des « prémisses », comme disent les logiciens. Nous avons d'ailleurs le plaisir de constater que ces conclusions ressemblent fort, sur plusieurs points, à ce que nous avons nous-même proposé dans notre livre sur l'*Enseignement au point de vue national*. M. Vandérem, en effet, voudrait faire pénétrer l'esprit philosophique dans les classes d'humanités. Nous ne demandons pas mieux. Mais c'est à la condition qu'on ne déflore pas à l'avance le plus beau et le plus intéressant des enseignements. Il n'est pas mauvais que les élèves soient introduits de plain-pied dans le monde nouveau de l'esprit par un professeur nouveau, qui sera leur dernier. Il faut que ce professeur soit à eux tout entier, qu'ils soient tout entiers à lui. Il faut enfin que la philosophie se montre à eux dans son ensemble et dans l'harmonie de ses parties : elle n'est rien si elle n'est pas tout et ne se laisse pas voir tout entière. Ce n'est pas une de ces sciences qu'on peut enseigner par tronçons attribués à plusieurs professeurs, et parmi les accessoires.

La seule réforme désirable, ce serait d'élaguer le superflu et de modifier les *proportions relatives* des matières du programme. Resserrons en cinq ou six leçons la logique ; resserrons aussi un peu la psychologie expérimentale, fort intéressante, mais qui devient de plus en plus une science spéciale : les grandes conclusions, ici, importent seules. N'attribuons qu'un petit nombre de leçons à l'histoire de la philosophie, en les consacrant à un tableau rapide des progrès de la pensée. Enfin supprimons, faute de place, l'étude des auteurs philosophiques, obscurs d'ailleurs et dépassant les jeunes intelligences. En revanche, étendons la partie des programmes consacrée à la morale, surtout à la morale sociale, et à la philosophie générale [1].

III

En ce qui concerne la méthode d'enseignement, on a proposé de traiter les problèmes *historiquement*. A notre avis, il n'y a pas de pire méthode. Promener les jeunes gens à travers des systèmes plus ou moins surannés, presque uniquement métaphysiques, et dont les profondeurs leur échappent, c'est le plus sûr moyen de brouiller leurs idées et de leur donner le vertige. La philosophie, répétons-le, n'est plus aujourd'hui ce qu'elle était : renvoyons l'étude des systèmes aux Facultés; là, elle est à sa vraie place. Ce qu'il faut enseigner aux jeunes gens des collèges, ce sont les résultats *acquis*, les uns certains, les autres probables, mais ayant toujours une valeur déterminée et, par cela même, « enseignables ».

La tentation de substituer un cours de faculté à un cours de lycée n'est nullement particulière à certains professeurs de philosophie : les professeurs de rhétorique, de sciences et surtout d'histoire y cèdent plus peut-être. Mais cet abus même est encore préférable à une mutilation de la philosophie ou à un abaissement qui la ramènerait terre à terre. Aussi, loin de

(1) Voir la note à la fin de cet article.

nous plaindre de la « supériorité » des professeurs de
philosophie, nous croyons qu'ils ne sauraient avoir
trop de mérite intellectuel en même temps que d'élévation morale ; car ils ne sont pas seulement professeurs, mais éducateurs, et l'on ne saurait trop répéter
qu'ils ont, à leur manière, « charge d'âmes ». Nous
leur dirons seulement : mettez-vous à la portée des
jeunes intelligences. Comme vous ne pouvez tout leur
dire, enseignez-leur, non le plus superficiel ni même
le plus élémentaire, mais au contraire le plus profond et de plus grande portée ; allez au cœur des questions sur la nature de l'homme et de la société, sur
les grandes lois de l'univers, sur l'étendue et les
limites de nos connaissances, sur nos devoirs et notre
destination. Évitez la trop grande abondance des
détails et les excès d'analyse ; évitez les subtilités arti-
ficielles : la vérité est déjà par elle-même, comme
dit Pascal, une pointe assez subtile ; évitez aussi la
forme éristique, les thèses et antithèses ; insistez sur
ce qui est le plus indiscutable et non sur ce qui est le
plus discuté[1]. Cherchez à rapprocher plutôt qu'à diviser
les croyances. En un mot, donnez à l'ensemble de
votre cours, sans le faire déchoir en rien de sa haute
portée spéculative, une orientation morale et civique.

Nous avons déjà, ailleurs, signalé les défauts des
examens actuels d'agrégation. La philosophie proprement dite n'a pour elle que deux épreuves ; l'histoire
de la philosophie et les auteurs philosophiques en ont

(1) Il ne faut pas même abuser des « causeries socratiques »,
que certains recommandent, et qui ne doivent être qu'un exercice très secondaire.

quatre. Est-ce là une proportion raisonnable? L'histoire de la philosophie, telle qu'on l'enseigne, n'est guère que l'histoire de la métaphysique et des fondements métaphysiques de la morale; les « auteurs philosophiques », à leur tour, ne sont guère que des métaphysiciens; il en résulte que la métaphysique absorbe presque tout. Nous avons demandé et nous demandons encore que, des deux compositions écrites, l'une soit consacrée à la philosophie générale et à la psychologie, l'autre aux sciences morales et sociales. De même, nous demandons une seule épreuve pour les auteurs anciens, au lieu de deux, une autre pour les auteurs modernes, une leçon sur la philosophie et une leçon sur l'histoire de la philosophie, qui se trouvera encore avoir pour elle la moitié des épreuves.

En outre, il est essentiel d'ajouter à toutes les agrégations de lettres ou de sciences une composition de philosophie, afin que tous les professeurs soient, autant que possible, pénétrés de l'esprit philosophique, Il ne faut pas, comme il arrive trop souvent, que le maître de philosophie soit obligé de défaire en partie ce que les autres ont fait et de corriger les goûts de dilettantisme littéraire ou d'étroit positivisme scientifique acquis par certains élèves.

IV

La restauration des classes de philosophie et de l'agrégation de philosophie, loin d'avoir été l'œuvre d'une politique mesquine et « électorale », dirigée

« contre les ministres de l'Empire », fut l'œuvre d'un ministre de l'Empire (est-il besoin de le nommer ?) qui conservera toujours la reconnaissance et de l'Université et de notre démocratie. En revanche, les réformes récentes faites dans les lycées par les ministres de la République (c'est un républicain qui parle ici) ont eu pour résultat le plus clair, contrairement aux plus excellentes intentions, de nuire aux classes de philosophie et d'y diminuer le nombre des élèves qui les suivaient il y a quelques années. Sous l'influence d'un utilitarisme mal entendu, pour plaire à une Chambre mal informée, on tend à remplacer la philosophie par des études qui devront être plus « utiles ». C'est oublier que la philosophie est à la fois, de toutes les études, et la plus spéculative dans ses grands principes, et la plus immédiatement pratique dans ses conclusions. On est homme et citoyen avant d'être avocat ou médecin. Ce mouvement ne fait pas honneur à la République. On a même commis l'énormité d'admettre dans les facultés de droit les bacheliers en mathématiques, sans philosophie; le jour où les futurs médecins, eux aussi, seraient dispensés du baccalauréat de philosophie, il ne resterait plus, pour suivre le cours, que les candidats au professorat et quelques élèves d'une bonne volonté touchant à l'héroïsme. C'est là, selon nous, de la démocratie mal comprise. Si, après avoir compromis l'enseignement classique, on compromettait encore l'enseignement philosophique, le gouvernement sur lequel nous fondions nos espérances aurait fait ce que n'a pas fait l'Empire. On a sans doute admirablement organisé

l'instruction primaire, qui, par malheur, n'a pas
grande influence sur la moralité et la criminalité ;
en revanche, pour plaire à certains démocrates
imprévoyants, on a désorganisé l'instruction secondaire, où se recrute la classe dirigeante de laquelle
tout dépend. Il est douteux que le groupement des
facultés en Universités soit jamais une compensation
suffisante, car les Universités seront envahies par des
éléments inférieurs et, pour ainsi dire, primaires.
Les élèves qui sortiraient du lycée sans une initiation sérieuse aux problèmes vitaux de philosophie
générale, morale et sociale, risqueraient fort, en
définitive, de n'emporter qu'une instruction primaire supérieure, plus élégante ou plus savante,
mais insuffisante en vertu moralisatrice. Entre un
bachelier ès sciences et un bon élève de l'école primaire, la distance n'est souvent mesurée que par la
longueur de la liste des théorèmes de géométrie ou
des lois de physique apprises ; moralement et socia-
lement, si l'un est supérieur à l'autre, c'est surtout
par ce qu'il doit à sa famille, à sa classe, à ses rela-
tions extérieures, enfin aux quelques exercices littéraires qui lui ont été imposés pendant le cours de
ses études scientifiques.

Le mal accompli est déjà assez grand et réclame
un remède. Une partie des élèves dont se recrutait la
classe de philosophie va aujourd'hui en mathématiques élémentaires, le diplôme de sciences donnant
accès, comme nous l'avons dit, même à l'École de
droit. Ces élèves font un calcul fort simple : ils se
disent que la partie scientifique du programme est

beaucoup plus difficile que la philosophie, et qu'ils apprendront assez de celle-ci dans un manuel pour se tirer d'affaire à l'examen oral. Quant aux *Modernes*, c'est dans les mathématiques élémentaires qu'ils iront en majorité. Ils y recevront bien encore un enseignement philosophique, rabaissé à leur taille, mais l'insuffisance de la sanction au baccalauréat stérilisera la bonne volonté du professeur et des élèves. Il ne s'agit, en effet, que d'un petit interrogatoire à l'examen oral, fait souvent par un historien ou un littérateur étranger à la philosophie. Conséquence : les élèves venus de rhétorique ou de l'enseignement moderne en mathématiques élémentaires portent tout leur effort sur la partie scientifique, bien plus difficile pour eux ; la philosophie n'a plus, comme me l'écrit un de nos professeurs les plus expérimentés, que les restes d'une attention lassée, quand il en reste. — Il ne faut même pas en vouloir, ajoute-t-il, au jeune utilitaire : *primum vivere, deinde philosophari ;* on mettrait pour condition au diplôme libérateur la science du blason ou des dynasties chinoises, que le collégien s'empresserait d'en bourrer son cerveau à l'exclusion de toute discipline raisonnable. — Ainsi, nous avons l'enseignement classique décapité, et l'enseignement spécial, modernisé, offre peu à peu au rabais les avantages de l'ancien.

Que l'on continue d'ouvrir la porte des facultés à ceux qui auront fait des études expéditives, on verra de plus en plus les facultés encombrées et rabaissées. Déjà cet encombrement est tel que les doyens de médecine et de droit jettent des cris de détresse. Dans la dernière année, il y a eu à Paris un accroissement de 1 669 élèves. M. Brouardel ne sait plus où loger les élèves en médecine ; il estime que, à l'heure actuelle, dans nos facultés de médecine, le chiffre des étudiants inscrits égale au moins la moitié des médecins en exercice dans toute la France. Que deviendront un jour ces médecins sans malades, à côté des avocats sans causes ? Ils grossiront le nombre des déclassés, des mécontents. Même encombrement aux portes des Écoles du gouvernement. Pour unique remède, on augmente sans cesse le nombre de *matières* à apprendre par cœur. Au lieu de *choisir* ceux qui ont fait les études classiques et philosophiques les meilleures, les plus complètes, on voudrait encore ouvrir la porte aux bacheliers sans philosophie et aux « modernes ». On oublie que les professions libérales ne sont pas simplement des professions, mais des fonctions et des missions, à cause de l'influence sociale qu'elles exercent et de la sanction que l'État leur donne. Un avocat, un magistrat, un médecin, un officier ne sont pas de simples artisans de l'ordre intellectuel, mais des représentants de l'État, qui a intérêt à ce que la justice, la santé publique et privée, la conduite de l'armée, etc., ne tombent pas aux mains des indignes ou des médiocres. On parle toujours de mesures démocratiques ; ce qui est démocratique, c'est ce qui empêche la ruine de la démocratie ; ce qui est républicain, c'est ce qui assure la grandeur de la République. Et pour cela, une élite est nécessaire, non pas fermée, mais ouverte aux plus capables et aux plus méritants.

Qu'on le sache bien, l'État ne peut pas, ne doit pas se désintéresser de l'enseignement philosophique, moral et social. Ou il se fait enseignant, ou il s'abstient et cède la place aux particuliers, aux associations, aux divers cultes; mais, s'il enseigne, la première chose qu'il a le devoir et le droit d'enseigner, ce sont les fondements mêmes sur lesquels la société repose. Supposez que, sous le prétexte que l'enseignement de l'histoire n'a rien d'immédiatement pratique ou qu'il prête à des opinions trop diverses, on parlât de le supprimer; ce serait une indignation générale. On dirait que la France renonce à son passé. Mais la philosophie, la morale, la science sociale, c'est plus que le passé, c'est le présent et l'avenir. Et l'État supprimerait ou amoindrirait la seule classe qui soit consacrée à ce qui fait sa vie même, ainsi que sa raison de vivre : *Vitam et vitæ causas !* Pour fabriquer plus vite des ingénieurs, des chimistes ou des avocats, il cesserait de former des citoyens! Le jour où la France se montrerait ainsi indifférente à tous les hauts problèmes qui dépassent l'horizon d'une utilité bornée, et qui en réalité ont trait à l'utilité universelle, ce jour-là elle aurait cessé d'être la France. Tuer, ou, ce qui revient au même, émasculer et avilir l'enseignement philosophique dans notre pays, sous un régime républicain, ne nous paraîtrait rien moins qu'une sorte d'impiété nationale.

NOTE

Voilà longtemps que nous proposons de réorganiser le programme de philosophie, au lieu de laisser aux jeunes professeurs une liberté dont quelques-uns ne peuvent abuser sans que tous les autres soient mis en cause. Nous ne sommes pas de ceux qui croient à la complète impuissance des programmes et qui, en conséquence, veulent laisser aux professeurs « la bride sur le cou ». Un programme mentionne un certain nombre de questions qui ne peuvent pas ne pas être traitées et sur lesquelles porteront les examens. Le professeur est donc bien obligé de traiter ces questions obligatoires et il ne peut plus consacrer autant de temps aux questions subsidiaires. C'est dire que, tout en conservant sa liberté dans la manière de discuter les problèmes et dans le plus ou moins de temps consacré à ces divers problèmes, il n'en est pas moins dirigé en un certain sens et a une carrière déterminée à parcourir. Avec le relâchement actuel de toutes les règles, avec la tendance des professeurs à s'échapper par toutes les tangentes, il est bon de faire plus exactement le départ du nécessaire et du superflu.

Il faudrait aussi recommander aux professeurs de facultés de choisir leurs sujets de composition dans le vrai programme classique, au lieu de s'égarer dans des questions transcendantes.

Si le lecteur veut prendre la peine de lire la simple liste de questions qui suit, il en reconnaîtra l'absolue nécessité pour tout élève de l'enseignement secondaire. La philosophie a cela de particulier que l'énoncé seul des problèmes qu'elle traite offre déjà de l'intérêt : on excusera donc notre énumération.

INTRODUCTION

1. La science, les sciences, la philosophie. — Objet et division de la philosophie. Son importance spéculative, morale, sociale. — Son caractère progressif et sa pérennité. Comment elle acquiert de plus en plus une valeur scientifique.

PSYCHOLOGIE

2. Objet de la psychologie. Caractères propres des faits qu'elle étudie. Différence des faits psychologiques et des faits physiologiques. Impossibilité d'absorber la psychologie dans la physiologie. — Valeur morale et pédagogique des études psychologiques. Leur nécessité pour les études médicales, juridiques, politiques et sociales. Leur nécessité pour la littérature, la vraie éloquence, etc.

3. Méthode de la psychologie : méthode subjective, la réflexion ; méthode objective, les langues, l'histoire, etc. De l'expérimentation en psychologie. — Progrès incessant des études psychologiques et de leurs méthodes. — La pratique de la réflexion, nécessaire à tous.

4. Classification des faits psychologiques : sensibilité, intel-

ligence, volonté. Part de chacune dans le caractère. Importance de la volonté dans le caractère individuel et national.

Ici je m'interromps pour demander au lecteur de bonne foi ce que ces questions ont de « saugrenu » ou de « superflu », si tout homme qui se dit instruit ne doit pas les avoir étudiées et n'aurait pas honte de n'en rien connaître.

Continuons notre programme, car rien n'est pire qu'une discussion dans le vague.

5. Sensibilité. — Le plaisir et la douleur, sensations, sentiments.

6. Les inclinations. — Les passions. — Conséquences morales et pédagogiques. Conséquences sociales. Les passions collectives.

7. Intelligence. — Acquisition, conservation, élaboration de la connaissance. — Les données de l'expérience et l'activité de l'esprit. Les sens.

8. La conscience.

9. La mémoire. L'association. Applications à l'éducation intellectuelle.

10. L'imagination. — Moyens de la cultiver. Ses avantages et ses inconvénients.

11. L'abstraction et la généralisation. — Le jugement. — Applications pédagogiques.

12. Le raisonnement. — Déduction, induction, analogie.

13. La volonté. Instinct, liberté, habitude. — L'hérédité. — Limites de l'hérédité ; puissance de l'éducation, des idées et des sentiments. — Applications pédagogiques et sociales.

14. L'expression des faits psychologiques : les signes et le langage.

15. Les rapports du physique et du moral.

Le sommeil, les rêves, le somnambulisme, l'hypnotisme, l'hallucination, la folie.

16. Notions très sommaires de *psychologie comparée*. L'homme et l'animal. — La psychologie des nations, des foules, etc.

Puis viendraient quelques leçons d'esthétique et de logique :

17. Le beau, le sublime, la grâce, le ridicule.

18. L'art. — L'expression, l'imitation, la fiction et l'idéal. — Réalisme et idéalisme, part de vérité qu'ils contiennent.

19. Les différents arts.

20. Progrès de la logique depuis l'antiquité. Méthode des sciences exactes : axiomes ; définitions, démonstrations.

21. Méthode des sciences physiques et naturelles.

22. La méthode dans les sciences morales. — Le témoignage des hommes, la méthode historique.

23. Sophismes et préjugés.

Nous arrivons à la morale, dont l'étude raisonnée devient de plus en plus nécessaire à notre époque, car il est impossible de compter sur une foi qui resterait aveugle ou sur le respect aveugle de la tradition. Le *rationabile obsequium* est partout de mise aujourd'hui.

MORALE

24. Principes de la morale. — La conscience, le bien, le devoir.

25. Examen des doctrines utilitaires. — Ce que toute science des mœurs peut leur emprunter. Raisons scientifiques qui démontrent l'accord de la moralité avec l'utilité sociale et, par cela même, dans une large mesure, avec l'utilité individuelle.

26. Examen des doctrines évolutionnistes. Ce que toute science des mœurs peut leur emprunter. Raisons scientifiques qui démontrent que la moralité réalise les conditions de la vie la plus intense et la plus expansive pour l'individu et pour la société. Réfutation du scepticisme moral. Points où les divers systèmes de morale finissent par s'accorder.

27. *La patrie, la nation.* — Qu'est-ce qu'une nation ? N'est-ce qu'un ensemble d'individus ? Ce qu'il y a de vrai et de faux dans la théorie du contrat social et dans la théorie de l'organisme social. Solidarité des générations. L'esprit national ; ce qui le constitue. La France.

28. *L'homme privé.* — Ce qu'il doit être dans l'intérêt même de la patrie. Qualités et défauts des Français en général, et en particulier des jeunes gens français. Les vertus privées, nécessaires au citoyen : véracité, courage, travail, tempérance, etc. Effets sociaux des vices privés ; leurs conséquences pour la nation entière.

29. *La famille.* — Sa nécessité pour la patrie : sa fonction essentielle dans l'organisme national. Sa constitution morale et civique. L'esprit de famille ; ses qualités et ses défauts en France. L'autorité dans la famille. Les devoirs de famille.

30. *L'école et le collège.* — Leur place dans la patrie. Apprentissage des vertus civiques et militaires. — La paresse, ingratitude envers la patrie, est un déshonneur. — Les études classiques : leur caractère national et patriotique. Grandeur littéraire et scientifique de la France ; son ascendant intellectuel à maintenir.

31. *Rapports des citoyens entre eux.* — Devoirs et droits mutuels. Respect de la personne humaine et de la patrie commune dans les autres hommes. L'esclavage, le servage. Rôle de la France dans leur abolition.

32. Respect de nos concitoyens dans leur honneur. La diffamation et la calomnie. Des excès de la presse.

Respect de nos concitoyens dans leurs croyances et dans leurs opinions. Tolérance religieuse, philosophique, politique. Fanatisme religieux et antireligieux, fanatisme politique et haine mutuelle des partis ; leurs dangers au point de vue patriotique. La France doit être unie.

33. Respect de la personne humaine dans ses biens. Principe de la propriété. Sa nécessité au point de vue social, national et international. La propriété en France.

34. Réfutation des utopies socialistes.

35. La justice et la fraternité. Formes diverses de la charité. Le dévoûment.

36. L'État et les lois. — Fondements de l'autorité publique. L'État français. Sens vrai et sens faux de la souveraineté nationale.

Le gouvernement. Ses diverses formes ; leurs avantages et leurs dangers. Qualités et défauts des Français au point de vue politique. L'instabilité politique et ses périls. L'esprit révolutionnaire.

37. L'armée, le soldat. Le service obligatoire ; la discipline militaire en France. Nos qualités et nos défauts dans la victoire et dans la défaite.

38. Devoirs du citoyen envers l'État. Obéissance aux lois ; impôts, vote, etc.

Droits du citoyen. Liberté individuelle, liberté de conscience, liberté de travail, liberté d'association.

39. Devoirs et droits des gouvernements. Dangers de l'autoritarisme et dangers de l'anarchie. La vraie et la fausse liberté.

La vraie et la fausse égalité. Avantages et abus de l'esprit égalitaire en France.

40. *Les rapports des nations entre elles.* — Devoirs et droits internationaux. Solidarité internationale. Nécessité de toujours considérer toute question à un point de vue international.

41. L'humanité. L'amour de l'humanité et sa conciliation avec l'amour de la patrie. Le vrai et le faux patriotisme ; le vrai et le faux humanitarisme.

L'univers. — La patrie universelle. La sympathie universelle. L'amour de la nature. Nos devoirs envers les êtres inférieurs. L'homme, citoyen du monde.

42. Les sanctions de la morale. Sanctions de la conscience. Sanctions sociales ; fondement de la pénalité : que ce fondement est indépendant des théories métaphysiques sur la responsabilité absolue. Réfutation des sophismes courants sur les crimes passionnels, la « force irrésistible », l'identification du crime avec la folie ou la dégénérescence congénitale, etc.

Nous ferons remarquer que, si ces questions ne sont pas traitées au lycée, le jeune homme sera livré sans défense à tout ce que les médecins et anthropologistes mêlent d'erreurs à quelques vérités.

43. Croyances relatives à une sanction suprême.

La société idéale des esprits. Le « règne des fins » de Kant. Importance de ces croyances au point de vue de la moralité privée et publique.

Respect dû par l'Etat et par les individus à ces croyances sous leurs diverses formes : religion naturelle et morale (Kant), religions positives.

PHILOSOPHIE GÉNÉRALE

I. *Critique de la connaissance.*

44. Origine de la connaissance. — Principes directeurs de la connaissance. — Peut-on les expliquer entièrement par l'expérience, l'association ou l'hérédité ?

45. Valeur de la connaissance. — Dogmatisme, scepticisme ; criticisme de Kant.

46. Limites de la connaissance. — Diverses théories sur ce sujet. — La philosophie critique de Kant. — Le positivisme de Comte. — L'inconnaissable de Spencer. — Modestie du savant.

II. *Philosophie de la nature et cosmologie.*

47. De la nature en général. — Diverses conceptions sur la matière et sur la vie.

48. Grandes hypothèses auxquelles aboutissent les sciences de la nature. — Insuffisance de ces hypothèses pour résoudre l'énigme de l'existence.

III. *Philosophie de l'esprit.*

49. Matérialisme, spiritualisme, idéalisme.

50. Les croyances religieuses. — Raisons de l'ordre spéculatif et de l'ordre moral sur lesquelles s'appuie, quelle qu'en soit la forme, toute croyance en Dieu.

51. Le problème du mal. Optimisme et pessimisme. — Raisons morales sur lesquelles s'appuie, quelle qu'en soit la forme, toute croyance à un triomphe final du bien dans l'univers.

52. Raisons de l'ordre spéculatif et de l'ordre moral sur lesquelles s'appuie, quelle qu'en soit la forme, toute croyance à l'immortalité.

53. Conclusion. — Progrès de la philosophie dans ses diverses parties, depuis l'antiquité jusqu'à nos jours. Avenir de la philosophie. Immoralité de l'indifférence en matière de philosophie.

HISTOIRE SOMMAIRE DE LA PHILOSOPHIE

54. Progrès de la pensée philosophique en Grèce jusqu'à Socrate.

55. Platon et Aristote.

56. Stoïciens. Epicuriens. Ecole d'Alexandrie.

57. Le moyen âge. La Renaissance.

58. Descartes.

59. Spinoza. Leibniz.

60. Kant.

61. La philosophie du XIXᵉ siècle.

Avec un programme de ce genre, le professeur ne pourra plus négliger les questions essentielles pour se perdre dans les questions secondaires ou dans les subtilités métaphysiques.

5.

VI

Lettre de M. G. MONOD, directeur de la
« Revue historique »,
à M. Fernand VANDÉREM

Monsieur,

Je crois comme vous que la classe de philosophie, telle qu'elle existe aujourd'hui, est, sinon « une classe à supprimer », du moins une classe à modifier et à remplacer, dans l'intérêt de la jeunesse, des études classiques et de la philosophie. Elle a eu autrefois son utilité ; elle rend encore certains services à un petit nombre d'élèves, grâce au mérite des maîtres ; mais, dans notre organisation scolaire actuelle, elle est plutôt nuisible.

Le fait bizarre que la France soit le seul des États européens qui possède dans ses lycées des classes de philosophie, ne s'expliquerait pas si l'on ne remontait aux origines mêmes de l'Université impériale. Au xviiie siècle, la Faculté des arts, qui correspondait à nos Facultés des lettres et des sciences actuelles, avait été absorbée peu à peu par les divers collèges de l'Université de Paris, et remplacée par deux années dites *de philosophie* dans chaque collège[1]. Ces deux

---

[1] Aujourd'hui encore en Allemagne, la *Philosophische Facultæt* correspond à nos Facultés de Lettres et de Sciences réunies.

années préparaient à l'obtention du diplôme de maître ès arts. Quand les collèges impériaux ont remplacé les collèges de l'ancienne Université, on a réduit à une seule ces deux années de philosophie.

Tant que nos Facultés des lettres n'ont été que les vains simulacres d'un enseignement supérieur et des jurys d'examens, il a été très sage de conserver cette classe de philosophie, qui était le résidu de l'ancien enseignement supérieur et qui suppléait, imparfaitement, mais utilement pour la jeunesse cultivée, à l'absence d'études supérieures. Je garderai toujours un souvenir reconnaissant du temps passé à Louis-le-Grand dans la classe de M. Janet. Le profit du cours de philosophie enseigné par un tel maître était très grand, au point de vue moral et littéraire, comme au point de vue du développement de l'esprit.

La plupart des jeunes gens entraient en philosophie après avoir passé leur baccalauréat, à dix-huit ans au moins d'ordinaire, et par conséquent avec l'esprit assez mûr pour en profiter ; ils avaient derrière eux sept ans et demi d'études classiques, ou huit ans et demi s'ils avaient redoublé la rhétorique, ce qui était le cas pour tous les bons élèves ; leurs études classiques n'étaient pas arrêtées, car on continuait en philosophie à lire des auteurs grecs et latins et à écrire en latin. Enfin la philosophie qu'on leur enseignait était très simple. On insistait surtout sur la psychologie et la logique. La théodicée et la morale consistaient en une exposition élémentaire, littéraire et oratoire, des vérités dites *de sens commun*. On ne faisait pas du tout de métaphysique proprement dite, et très peu d'histoire de la philosophie. Il n'y avait rien de troublant dans cet enseignement, car les professeurs croyaient fermement au spiritualisme et donnaient des conclusions nettes et dogmatiques.

Aujourd'hui les études supérieures ont été restaurées ; toute la jeunesse cultivée passe par nos Facultés et c'est là qu'elle peut s'initier à la vraie philosophie, à celle qui ne donne pas des solutions toutes faites, mais qui cherche et discute. Les vétérans de rhétorique sont devenus rares ; on entre en philosophie à seize ans et demi ; on n'a derrière soi que six ans d'études classiques, et en philosophie on n'écrit plus une ligne de latin ; on n'en lit même plus une ligne, car le programme, qui exige des explications d'auteurs anciens, est violé dans la France entière.

Enfin, à ces jeunes esprits qui seraient souvent incapables de comprendre même nos vieux cours de logique, on expose la plus compliquée et la plus abstruse des métaphysiques ; on fait passer devant leurs yeux toute l'histoire de la philosophie. On les habitue à parler et à écrire de choses qu'ils ne comprennent point. Les rares élèves qui profitent de la classe de philosophie sont les plus distingués, ceux qui continueront leurs études en vue de la licence et de l'agrégation, et qui, par conséquent, peuvent étudier la philosophie à la Faculté.

Les autres, qui auraient pu profiter de la continuation des études littéraires, ou répètent machinalement des mots, ou ont la cervelle troublée par les notions mal digérées qu'ils y entassent. Ou ils ne prennent pas le cours au sérieux, ou, s'ils le prennent

au sérieux, ils y contractent une surexcitation céré-
brale dangereuse.

Je crois donc que la classe de philosophie actuelle
est inutile du moment qu'il existe un enseignement
supérieur véritable, dangereuse pour les esprits trop
jeunes et trop peu mûris à qui elle s'adresse, funeste
pour les études classiques, qu'elle arrête au moment
où elles pourraient devenir profitables.

Enfin je crois fâcheux de créer dans un pays tout
un peuple de philosophes de profession et de métier,
de faire de la métaphysique une matière d'examen
et d'enseignement secondaire. On compte en France
par centaines les philosophes de profession, alors
qu'en Angleterre et même en Allemagne il n'y a
qu'un nombre bien plus restreint de philosophes et
point de programmes ni d'examens de pure philosophie. La France fait-elle pour cela plus grande figure
que l'Allemagne et l'Angleterre dans le mouvement
philosophique ?

Si notre philosophie spéculative actuelle n'a que
peu d'action hors de France, si elle se distingue par
son obscurité et sa subtilité quintessenciée, cela ne
tient-il pas à ce qu'ayant abandonné le vieux spiritualisme et n'osant pas, ne devant pas exposer à des
enfants de seize ans, ses négations et ses doutes, elle
se tire d'affaire comme les dieux d'Homère, en s'en-
veloppant de nuages.

L'agrégation de philosophie attire aujourd'hui à
elle les plus distingués parmi les futurs professeurs, —
pour toutes sortes de causes trop longues à énumérer,
mais faciles à saisir, — au grand détriment non seule-

ment des lettres et de l'histoire, mais de la philosophie elle-même. La philosophie spéculative doit donc être renvoyée aux Facultés, où elle peut être libre et créatrice.

Par contre la logique, les méthodes scientifiques, la morale pratique et la psychologie peuvent être, même dans les lycées, l'objet d'un enseignement positif et utile ; seulement il faudrait les enseigner, non dans une classe à part, mais dans des cours répartis sur deux ou trois années, comme ceux d'histoire, de façon à ne pas arrêter les études classiques à la fin de la rhétorique, mais à les compléter au contraire dans une rhétorique supérieure, afin de préparer pour nos Facultés des élèves capables de suivre avec fruit des cours de littérature et de philologie, et aussi d'histoire de la philosophie et de métaphysique.

Veuillez agréer, etc.

VII

Lettre de M. Gaston LACAZE
à M. Fernand VANDÉREM

Læken-les-Bruxelles, 15 février 1894.

Monsieur,

Permettez à un Français, habitant Bruxelles, quelques réflexions sur votre article : *Une classe à supprimer.*

Vos critiques sont excellentes. Seulement vous auriez pu ajouter que les réformes par vous demandées ont été accomplies depuis longtemps par l'enseignement libre, par celui des Jésuites en particulier [1]. Ce n'est pas un sectaire qui vous écrit, c'est un homme convaincu, désireux d'être utile à tous.

De quoi, en effet, vous plaignez-vous ? De ce que les élèves, arrivés en philosophie sans préparation préalable, sont décontenancés par la nouveauté des questions. Ils n'avaient pas jusque-là, dites-vous, la moindre idée de ce dont le professeur va leur parler pendant un an. Cette année, en outre, vous paraît courte pour une étude si difficile.

Rien de tel chez les Jésuites. Je le sais par expé-

---

[1] Ce point de vue a été, en effet, indiqué dans mon premier article. — F. V.

rience, ayant été élevé dans leur collège de Bordeaux. Leurs élèves, qui reçoivent l'instruction morale en même temps que l'instruction littéraire, entendent tous les jours parler des destinées de l'homme, de la spiritualité de l'âme, etc. Une fois par semaine, pendant une heure, chaque professeur fait dans sa classe un petit cours qui n'a l'air de rien et qui est excessivement important : c'est le cours d'instruction religieuse. Ce n'est pas de la philosophie, direz-vous? Sans doute, ce n'est pas de la philosophie dans les basses classes, mais *cela en est positivement* en *humanités*, en *rhétorique !* L'étiquette est la même, le contenu est différent. Notre professeur de rhétorique, je m'en souviens, nous parlait presque autant, dans son cours, de Platon et de Leibniz que du catéchisme.

Les Pères n'attendent donc pas que leurs élèves soient en philosophie pour philosopher avec eux. En voulez-vous encore une preuve? Étant *en quatrième*, j'eus l'occasion de causer avec un professeur de l'immortalité de l'âme. Ayant vu que la question m'intéressait, le lendemain il me prenait à part et me remettait huit pages de fine écriture : « Tenez, me dit-il, j'ai écrit cela pour vous. Étudiez-le. » C'était une étude sur la nature de l'âme. J'ai conservé longtemps ces pages. Ce n'était pas du catéchisme, mais de la philosophie pure, et même, par endroits, de la métaphysique. Nous étions une trentaine dans ma classe ; aucun de nous, je vous l'affirme, ne s'est senti en pays étranger en entrant en philosophie.

Voilà, direz-vous, qui n'indique pas le remède à appliquer dans les lycées. Mais si ! Pourquoi ne pas philosopher de temps en temps avec les élèves, en se mettant à leur portée, quand l'explication des auteurs fournit l'occasion de le faire? Pourquoi surtout ne pas emprunter aux Jésuites ce petit cours d'une heure par semaine, de règle dans toutes les classes? Il n'y aurait que le nom à changer : on dirait cours de *philosophie élémentaire* au lieu de cours d'*instruction religieuse*. On graduerait cette étude suivant les classes. Ce cours préparatoire serait fait par le professeur de chaque classe à ses élèves. Grâce à ce système, lorsque les jeunes gens aborderaient, dans leur dernière année de collège, l'étude de la philosophie, ils apporteraient à leur professeur autre chose que de l'ignorance et de l'ahurissement. Ils seraient familiarisés avec ces questions dont il va leur être parlé, et ils auraient l'habitude de la réflexion.

Il est vrai que ce serait faire un emprunt aux Jésuites. Mais qu'importe? On leur en a fait bien d'autres en matière d'éducation ! Et de fait, lorsqu'ils ont raison, pourquoi ne pas le reconnaître et les imiter? Renan lui-même a vanté sous plusieurs rapports l'éducation de Saint-Sulpice.

En publiant ma lettre, vous ferez un acte de haute impartialité. Quant à moi, je serai fier d'avoir rendu justice à des maîtres, dont je ne partage pas absolument les opinions politiques, mais que je n'ai jamais cessé de vénérer.

Recevez, etc.

VIII

Lettre de M. H. MARION
Professeur à la Faculté des lettres de Paris.

Mon cher Directeur,

Après les avis que vous avez reçus déjà sur la question soulevée par M. Vandérem, vous devez avoir bien peu besoin du mien. Je ne veux pourtant pas me dérober. Chargé d'enseigner la philosophie de l'éducation, il m'appartient, je l'avoue, d'avoir une opinion sur le rôle de la philosophie dans l'éducation publique, et de dire cette opinion quand on me la demande.

Il est vrai que les occasions de la dire ne me manquent pas. Depuis longtemps je pense tout haut quelques-unes des choses qu'a dites votre collaborateur; et depuis bientôt six ans je mets en garde contre ce que ces critiques ont de fondé ceux de nos futurs professeurs qui, aimant leur métier et soucieux d'avance de le bien faire, s'entretiennent avec moi des moyens de le faire le mieux possible. A l'égard de ceux-là tout au moins, les griefs de M. Vandérem retardent. Je pourrais lui citer nombre de jeunes professeurs qui mettent un soin scrupuleux à ne pas mériter ses reproches et qui ne les méritent absolument pas.

Mais le personnel entier est d'une qualité rare : il

n'y a qu'une voix pour en proclamer la haute valeur
morale et la distinction. C'est là un point à mettre
hors du débat, pour parler de ces choses avec justice
et autorité. Votre jeune rédacteur, pour le talent de
qui j'ai beaucoup de goût, me permettra bien de lui
dire que son premier article sur cette « classe à supprimer » était de nature à donner le change. Je ne
sais quelle comparaison imprévue toute à l'avantage
de l'enseignement philosophique des « bons pères »
étonnait, dans la *Revue Bleue*, et a paru plus propre à
réjouir ceux qui n'aiment point l'Université qu'à
renseigner ceux qui auraient encore à la connaître.

Il faut donc redire avant tout que l'enseignement
de la philosophie, tel qu'il est, est très florissant dans
les lycées. Passionnément aimé de l'élite des élèves,
il est utile à tous plus ou moins, même à ceux qui en
disent du mal. La vérité seulement, c'est qu'il a ses
défauts, qui ne sont pas tous inévitables et que, s'il
rend tel quel de grands services, il en pourrait rendre
davantage. Puisque c'est là, au fond, tout ce qu'a
voulu dire M. Vandérem, j'accorde qu'il vaut la peine
de s'expliquer là-dessus publiquement. Autant la proposition de « supprimer » ce qu'il y a de plus élevé
et de plus vivant dans l'enseignement universitaire
était monstrueuse, si quelqu'un eût pu un instant la
croire sérieuse de la part d'un écrivain qui est lui-
même philosophe, autant les critiques de votre
humouriste auront fait de bien, finalement, si elles
amènent les professeurs de philosophie — et d'autres
par la même occasion — à prendre une conscience
plus nette de leur responsabilité.

Une première condition pour cela, ce serait, je crois, de ne pas disperser l'attention en incriminant le programme. Il n'a presque rien à voir dans la question, qui est essentiellement une question de méthode. L'éducation chez nous fera peu de progrès tant que ceux qui en disputent croiront ou laisseront croire qu'elle est une affaire de programmes, que ce sont les programmes qui font le bien ou le mal dont on a à se louer ou à se plaindre. Leur effet n'est pas nul assurément, puisqu'il n'est pas indifférent de savoir si une étude sera faite ou non et quelle place elle occupera dans l'ensemble ; mais à part cette influence générale, j'ose dire que les programmes ne font ni bien ni mal : ce sont les maîtres seuls qui en font. Le meilleur programme n'agit que par les bons maîtres, qu'il n'a pas du tout la vertu de susciter. A peine empêche-t-il, en revanche, les mauvais de faire de très mauvaise besogne ; tandis que le pire des programmes n'empêche pas les vrais éducateurs d'en faire de bonne. C'est excuser soi-même toutes les fautes et fausser par avance l'examen de conscience auquel on convie les professeurs, que de commencer par leur dire que leur fonction même est absurde. A quoi bon les inviter à mieux faire leur tâche, s'il était vrai qu'elle ne pût pas être bien faite ?

Contre le programme de philosophie ces critiques ont d'autant moins de raison d'être qu'il est extraordinairement libéral. Permettez-moi de le défendre un peu, car je l'ai voté comme membre du conseil supérieur ; j'ai même travaillé à l'élaborer avec M. Paul Janet, et plus tard à l'alléger avec MM. Ra-

bier et Burdeau, dans une commission que présidait
notre maître M. Lachelier. Pas un instant il n'a été
question d'imposer aux professeurs telle façon ou
telle autre d'enseigner. On a toujours pensé que l'enseignement serait ce qu'ils le feraient, mais que ce
n'était pas au programme à leur apprendre leur métier. Pour mieux le marquer, on a fait suivre ce programme d'une note où il est dit en toutes lettres
qu'il « n'enchaîne pas la liberté du professeur ». Et
même cette note, chose piquante, nous a été repro-
chée par d'autres critiques comme une abdication
des devoirs de l'autorité, comme un excès de confiance dans le professeur.

Excessive, je ne crois pas qu'elle le soit; mais cette
confiance, à coup sûr, qui fait si grande la dignité
du professeur de philosophie, accroît d'autant ses
obligations. Le programme lui rappelle simplement
l'ensemble des questions dont il faut entretenir les
élèves pour leur donner la culture philosophique,
mais entre ces questions, on le laisse juge de l'ordre à adopter, juge de la proportion à mettre dans
ses développements, libre de ses solutions, libre de
sa méthode. Il serait difficile, on l'avouera, de pous-
ser plus loin le libéralisme. Je dois dire d'ailleurs,
pour être juste, que nous n'avons fait que consacrer
par là une liberté de fait qui existait déjà vers la fin
de l'Empire et dont nous avons bénéficié, mes con-
temporains et moi, dès le début de notre carrière.
Toujours est-il que des professeurs à qui l'État donne
une telle marque de confiance, et qui la méritent par
leur talent et leur caractère, sachant mieux que per-

sonne les difficultés de leur tâche, doivent être singulièrement soucieux des résultats qu'ils obtiennent, prêts par conséquent à entendre tous les avis sérieux et en tenir compte.

Qu'y a-t-il donc à retenir de ceux que votre collaborateur leur a prodigués un peu rudement? J'ai cru d'abord à une campagne pour faire passer du lycée à la Faculté l'enseignement de la philosophie. Telle était la pensée de Paul Bert; et elle pourrait se défendre, j'y serais même acquis, le jour où toute la jeunesse des lycées viendrait demander à la Faculté des lettres le couronnement des études classiques. (Encore, dans ce cas même, devrions-nous peut-être, comme les Allemands dans leurs gymnases, conserver dans la dernière classe du lycée une « propédeutique », c'est-à-dire quelques leçons très simples, donnant aux élèves le vocabulaire philosophique et une première idée des questions.) Mais nous n'en sommes pas là, vous savez de combien il s'en faut. Dans l'état actuel de nos mœurs, on peut dire que, si la classe de philosophie du lycée était sacrifiée ou désertée, l'éducation de la bourgeoisie française, déjà insuffisante, subirait un dommage incalculable.

La preuve en a été faite avec éclat[1]; mais était-elle même nécessaire pour qui sait le bienfait de la haute culture, la valeur des idées générales et des sentiments qui s'y attachent, le prix social de la tolérance? En initiant l'esprit aux questions dernières et

---

[1] Notamment par M. Rabier et M. Darlu dans les beaux discours qu'ils ont prononcés, l'un en 1886, l'autre en 1890, à la distribution des prix du Concours général.

aux suprêmes difficultés, en exerçant sur elles le sens critique, la philosophie rend deux services inappréciables : elle vaccine la jeunesse à la fois contre ces deux fléaux de la vie mentale et de la paix publique, la crédulité stupide, l'incrédulité superficielle et tranchante. Imagine-t-on la déchéance de l'esprit français le jour où nos classes éclairées ne sauraient plus comment se posent les grands problèmes, ni peut-être même qu'ils se posent, ou bien, se figurant qu'ils sont faciles, seraient prêtes à prendre toutes les vessies pour des lanternes ?

En réalité, M. Vandérem, qui est tout le contraire d'un *philistin*, demande aussi tout le contraire de cette éclipse du sens philosophique. Ce qu'il veut précisément, c'est qu'on le cultive mieux ; ce qu'il reproche aux professeurs, c'est de l'exalter prématurément chez quelques élèves et de le laisser inerte chez tous les autres. Dans la mesure où le reproche est juste, il est très grave. Nous arrivons ici à ce que ses avertissements ont de légitime et peuvent avoir d'utile.

Il ne veut pas qu'il y ait moins de philosophie au lycée, mais plutôt qu'il y en ait davantage. Au lieu d'être présentée à doses massives dans une seule année finale à des esprits non préparés, qui trop souvent en profitent mal, il voudrait qu'elle fût répartie sur plusieurs années et fît l'objet d'une initiation graduelle. Idée très juste théoriquement, que M. Fouillée a mise en avant de longue date. Si elle ne s'est pas imposée, c'est peut-être que l'application n'en est pas commode, ni sans inconvénients dans la pratique. S'il s'agit, en effet, d'envoyer le professeur de philosophie, comme le professeur d'histoire ou celui d'anglais, porter dans plusieurs classes tour à tour différentes parties de son enseignement appropriées à différents âges, qui ne craindra de rendre sa tâche infiniment plus ingrate, et peut-être de compromettre son action, en ruinant le meilleur de son autorité ? Car tout le monde sait que l'action d'un professeur n'est pas entière quand il n'a pas sa classe à lui ; et le prestige de celui-là, en particulier, tient pour une part singulière au privilège qu'il a de présenter soudain des études toutes nouvelles à des esprits d'une maturité relative, que souvent il révèle à eux-mêmes ou découvre, jusque-là méconnus, et qu'il conquiert surtout parce qu'il peut d'emblée les traiter en hommes.

La vérité, c'est que tout professeur doit être philosophe. Chacun à sa manière doit, non seulement préparer de bons esprits, habitués à réfléchir, mais faire produire à son enseignement tout le fruit moral qu'il comporte. Mais pour que la philosophie puisse être ainsi instillée partout et tout vivifier, ne faut-il pas qu'elle soit en flacon quelque part ? Il faut donc qu'il y ait de fortes classes de philosophie, où ceux qui aiment cette liqueur généreuse puissent s'en griser au besoin, et les autres apprendre au moins à en connaître la saveur.

Encore doit-on les y faire goûter tous : et voilà, je l'avoue, ce qu'on ne fait pas toujours. Certains professeurs, et des meilleurs, s'enivrent de métaphysique, non pas seuls, comme on le dit parfois,

devant une classe indifférente, mais avec quelques
élèves enthousiasmés, devant les autres amusés, ou
distraits, parfois, bien que rarement, un peu ironiques
et hostiles. Il y a un axiome, qui n'est pas faux tout à
fait, mais dont on abuse singulièrement : c'est que le
professeur a pour unique devoir d'être très fort et de
porter le plus haut possible son enseignement; qu'il
suffit que l'élite des élèves le suive, qu'à ceux mêmes
qui ne le suivent pas, de tant de belles choses qu'il
dit, « il reste toujours quelque chose ». On insinue
nettement que le peu qu'ils en attrapent vaut mieux
encore pour eux que ce qu'ils gagneraient à ce qu'on
se mît à leur portée. C'est là une théorie dont je ne
prendrai jamais mon parti.

Ceux qui l'énoncent ne le font pas, je me hâte de
le dire, dans un mauvais esprit aristocratique. Ils
craignent sincèrement que le professeur, s'il ne se
croit plus tenu de donner toujours toute sa mesure,
ne néglige de se tenir en haleine et que le niveau ne
s'abaisse rapidement. Mais si c'est du niveau des
maîtres que l'on parle, ce danger n'est pas à craindre
avec des professeurs consciencieux et doués et qui
aiment tout de bon la philosophie. A ceux-là, il est
toujours loisible de donner leur mesure dans une
thèse de doctorat, dans un article de revue, dans
quelque ouvrage qu'ils ne manquent guère d'avoir
sur le chantier. Quant aux autres (s'il en est), de quel
prix peuvent bien être ces idées transcendantes, cette
dialectique à perte de vue, dont ils feraient parade au
détriment de leur action éducative? Car il n'y a pas à
dire, le premier devoir d'un professeur, surtout de

philosophie, c'est d'avoir de l'action, le plus d'action qu'il peut, et la plus profonde possible. C'est là pour lui le devoir qui prime tout, c'est aussi la joie incomparable : en cela d'abord il faut lui demander de donner sa mesure.

Le niveau qui importe, c'est celui de la classe. Quel homme de sens en jugera sur la virtuosité du maître et celle de deux ou trois élèves sans avoir égard à l'ensemble? Je n'ai jamais trouvé un étudiant qui, invité seulement à y penser, ne fût de mon avis là-dessus autant que moi-même. Quant aux professeurs, s'il en est en effet dont le zèle se fourvoie, sait-on assez ce que d'autres dépensent de dévouement pour leurs élèves faibles, en même temps que de zèle et de talent pour les forts? Tel, par une application de la méthode socratique qu'on croirait à peine possible dans une classe de Paris (où la force est toujours si inégale), fait ce prodige, de s'emparer au même point de tous les esprits et d'être à tous presque également utile. Tel autre, tremblant de faire trop peu pour ses vétérans et ses candidats à l'École normale, leur donne l'enseignement le plus élevé, mais, par crainte ensuite d'avoir trop fait pour ceux-là, prend à part ses aspirants bacheliers, ses traînards même, leur donne sans compter son temps et sa peine, et leur a donné sa santé.

Avec cette conscience professionnelle, jointe à une haute intelligence, devrait-il être si difficile de s'entendre sur le but que doit se proposer le professeur de philosophie et sur les moyens d'atteindre ce but? Quel doute peut-il y avoir sur le bien des élèves, que

tout le monde a à cœur également? Car nous ne
sommes plus au temps où la superstition des succès
de concours faussait tout en mêlant d'autres intérêts
à celui-là. L'intérêt des élèves prime, ou plutôt im-
plique notamment l'intérêt des études, qu'on objecte
quelquefois, comme si les études étaient quelque
chose en dehors des esprits qui en profitent. Le plus
grand profit du plus grand nombre, voilà donc
l'unique *criterium*.

Dès lors, il suffirait, semble-t-il, qu'avant de commencer à enseigner la philosophie (comme toute autre
chose d'ailleurs), on consacrât quelques heures à se
demander ce qu'on se propose en l'enseignant, quel
bien on entend faire aux esprits. Nous débutions
jadis sans y avoir pensé une minute. Aussi cherchions-
nous notre voie, au petit bonheur, faisant bien ou
mal, selon notre tempérament et ce que nous avions
vu faire, donnant dans des fautes que personne ne
nous avait signalées. Mais ces fautes qui voudrait les
faire sciemment? Le tout est donc d'en être averti,
de comprendre que ce sont des fautes et, pour cela,
d'y réfléchir à l'avance, quand on est libre encore de
toute mauvaise habitude. Ainsi font à présent, je l'ai
dit, quelques-uns de nos futurs professeurs; et je les
trouve ensuite unanimes à se féliciter de l'idée qu'ils
ont prise de leur métier avant de l'aborder, comme
je trouve leurs chefs unanimes à se louer de la
manière dont ils le font.

Or je me demande si les points sur lesquels nous
nous mettons aisément d'accord, eux et moi, ne
seraient pas de nature à rallier tout le monde à peu

près, y compris M. Vandérem. Me trompé-je en pensant qu'élèves et parents, et le public dont l'opinion compte verraient tomber d'eux-mêmes les justes griefs qu'ils peuvent avoir contre notre enseignement philosophique le jour où cet enseignement (avec ou sans allégement des programmes) et l'inspection qui le contrôle, et les examens qui le sanctionnent, seraient, dans la pratique, entièrement dominés et inspirés par les considérations que voici ?

On n'apprend pas la philosophie pour la savoir ; on apprend à philosopher pour en être plus intelligent.

J'ajouterais bien : et *pour valoir mieux*, mais ce serait sans doute passer les bornes de la candeur permise aujourd'hui.

Toujours est-il que la meilleure classe de philosophie n'est assurément pas celle où quelques élèves mettent le plus de noms et de formules dans leur mémoire, savent le cours le plus fort, ou même, s'assimilant des finesses dialectiques qui ne sont pas leurs, imitant une profondeur qui n'est pas de leur âge, excellent à jeter de la poudre aux yeux et disputent comme Gorgias en personne. La meilleure classe est celle où le plus grand nombre d'esprits sont amendés dans leur fond, c'est-à-dire remués et vivifiés, exercés à la réflexion, initiés graduellement aux grands problèmes, habitués à penser par eux-mêmes et à dire correctement ce qu'ils pensent. Il ne s'agit pour le professeur ni de leur dicter un catéchisme, ni de les accabler de son érudition, ni de leur offrir son système. Il s'agit de leur donner l'éveil, puis le sentiment et le respect des difficultés, la modestie, la gravité, le discernement de ce qu'ils savent et de ce qu'ils ignorent, de ce qui est prouvé et de ce qui ne l'est pas.

Ce qui manque le plus à la plupart, c'est la curiosité : on leur donne la solution, et plutôt dix solutions qu'une, de questions qu'on ne les a pas amenés à se poser, qui leur sont prodigieusement indifférentes. Ce qui leur manque ensuite, c'est l'esprit de précision. Comment l'auraient-ils si, au lieu de les faire penser d'abord sur ce qui est à leur portée et d'appliquer leur esprit au vif des choses, on les submerge tout d'un coup d'abstractions ? Le mal est au comble, je l'avoue, et touche au dernier ridicule quand ce sont les plus grands systèmes, œuvres des plus vastes génies, si obscurs toujours pour nous-mêmes, et l'objet de cet étonnement quasi religieux dont a bien parlé M. Vandérem, qu'on leur apprend à écorcher, à exposer de quatrième main sans en avoir lu une seule ligne, à juger de haut, à réfuter.

Un des grands services à leur rendre ce serait de les faire lire. Ces « forts », à qui l'on a si grand'peur de faire perdre leur temps en s'occupant des faibles, que ne les attelle-t-on à quelque grande lecture ? S'ils y prennent vraiment goût, elle les mènera plus loin que les leçons les plus transcendantes ; ils en sortiront autrement trempés et bien plus vraiment philosophes. On ne devrait plus en voir apporter jusqu'aux plus hauts examens l'habitude pitoyable de jongler avec des idées dont pas une n'a été prise aux sources. Parler des choses sans les connaître, critiquer les livres qu'on n'a pas ouverts, trancher à dix-huit ans les problèmes qui donnent le frisson à cinquante en disant leur fait à tous les maîtres de la pensée humaine sans s'être recueilli une heure avec un seul, voilà les pires habitudes d'esprit : ce n'est pas une bonne classe de philosophie que celle où elles font prime, ni un bon système d'examens que celui qui ne leur fait pas une guerre à mort.

Il y a d'ailleurs un peu de naïveté dans cette crainte excessive de retarder les élèves brillants en prenant le temps de débrouiller les autres et d'assurer la marche de tous. Pour « fort » que soit un collégien, il ne l'est jamais tellement (et s'il l'était, on ne lui ferait pas grand tort en le laissant un peu à lui-même), qu'il n'ait besoin de répit quelquefois et ne puisse gagner à digérer en paix, en repensant ce qu'il croit savoir et en l'entendant dire autrement. N'est-ce pas d'ailleurs aussi une partie de leur éducation que de les habituer à ne pas s'en faire accroire et à penser un peu aux autres? Quelle meilleure leçon de philosophie que celle qui leur apprendrait ce qu'on doit aux faibles et le prix de la médiocrité honnête, cette étoffe, après tout, dont l'humanité est faite? Chez nos professeurs de philosophie quelque chose est supérieur à l'esprit : c'est le caractère. Eh bien, c'est de cela surtout qu'ils nous doivent de faire profiter notre jeunesse.

Car il faut toujours en venir là, au risque de paraître ennuyeux et suranné : ce n'est pas d'esprits plus aiguisés et plus subtils que nous avons besoin, c'est de caractères plus solides. L'avenir n'est pas au dilettantisme, même philosophique. Il a battu son plein, et s'il n'a pas fait pour une part les misères de notre société, il n'apparaît pas du moins comme destiné à les guérir. Ce que nous doivent nos professeurs de philosophie, ce ne sont donc pas des dialecticiens plus aigus ni de plus hardis fantaisistes, ce sont de meilleurs esprits et, autant qu'il dépend d'eux, de meilleurs hommes; c'est une plus riche moisson d'excellents esprits et de braves gens. La France ne risque pas de manquer de penseurs et de savants, encore moins de raisonneurs et d'hommes d'esprit; là-dessus tout le monde est tranquille. Mais s'il y a encore, s'il y aura toujours, dans ses classes dites éclairées, une somme suffisante de bon sens et de sérieux, vous savez bien que parfois on se le demande. Ce n'est pas la finesse ni même la profondeur de ses métaphysiciens qui fait vivre une société, c'est, avec la santé mentale et morale de son élite dirigeante, la valeur moyenne de ses membres. Une démocratie, en particulier, pourrait bien mourir des raffinements égoïstes et de la supériorité hautaine de quelques-uns; elle ne saurait subsister que par le désintéressement des meilleurs, la sagesse du grand nombre et l'esprit de solidarité.

Si les professeurs de philosophie ne se pénétraient pas de ces vérités, aucune réforme officielle ne ferait de leur enseignement ce qu'il doit être. S'ils en étaient tous pénétrés, il n'y aurait guère besoin d'autre réforme.

Agréez, etc.

IX

Lettre de M. Georges **LYON**.

Mon cher Directeur,

En lisant les belles réponses que la *Revue Bleue* a eu la fortune de recevoir de quelques-uns des hommes les plus qualifiés pour prendre la défense de notre enseignement philosophique, je me félicitais d'avoir si bien tardé à m'acquitter de ma promesse qu'il était devenu très inutile de la remplir. Aussi bien il n'est si intéressant débat qui ne prenne terme, et n'y aurait-il pas excès à voir se lever tout un peuple pour repousser ce que votre ingénieux collaborateur a lui-même déclaré n'être qu'un simulacre d'offensive, nullement une effective attaque ?

Mais voici que les choses changent, et l'intervention assez inattendue de mon distingué collègue et ami, M. Gabriel Monod, réveille la controverse. Cette nouvelle prise à partie ne diffère pas seulement de la première par la concision ; elle s'en distingue aussi par je ne sais quelle vivacité insoucieuse de ne ménager rien. Au rebours de M. Vandérem, qui n'a jeté sans doute un semblant de menace que pour donner plus de saveur aux compliments par où il termine, notre second agresseur, après s'être défendu de toute inten-

tion hostile, demande net, en concluant, qu'on refoule
l'étude suspecte dans l'enseignement supérieur, c'est-
à-dire, n'en doutons pas, qu'on lui prépare une douce
mort.

Les considérations que M. Monod esquisse d'une
plume hâtive sont-elles de nature à fortifier le réqui-
sitoire de M. Vandérem ? Il est permis d'en douter.

L'argument historique ne touchera personne. Notre
contradicteur affirme, et je veux l'en croire, que la
classe de philosophie doit à un malentendu sa naissance et que de ce malentendu l'Empire fut l'auteur.
Bien des excellentes choses ont eu des origines tout
accidentelles et l'intéressant est moins de savoir d'où
l'on est issu que de connaître ce que l'on a été et ce
que l'on vaut. En tout cas, l'autre Empire, celui de
Napoléon III, n'a pas précisément prodigué à cette
institution ses sourires, puisque, à peine debout, le
gouvernement du coup d'État a pris soin de le
mutiler.

L'argument géographique aurait besoin d'être con-
trôlé. L'enseignement secondaire, en Angleterre et
en Allemagne, ne compte pas, nous affirme-t-on, de
classe de philosophie. — La structure générale de
cet enseignement est si différente de celle que l'État
français a adoptée que rien n'est plus décevant qu'une
comparaison de ce genre. Encore y aurait-il fort à
dire en ce qui touche l'Angleterre. Il y a quelque six
ans, comme je visitais l'illustre collège de Rugby, je
lus les *orders* ou programmes de compositions données, en fin d'année, aux élèves des classes supérieures. J'ai noté une longue liste de sujets philoso-

phiques portant sur la psychologie la plus spéciale ou se rattachant aux problèmes complexes que soulève la réforme logique de William Hamilton. Ces questions supposaient, on l'accordera, un sérieux entraînement que n'assureraient pas quelques intermittentes leçons. — Mais la classe ne s'appelle point *Philosophie!* — Que nous importe? L'essentiel est de savoir ce que l'on y fait, non point de quel nom on la désigne.

Laissons donc là toutes ces raisons d'à côté et ne voyons, comme on dit au Palais, que la cause elle-même.

La plupart des griefs allégués contre l'enseignement de la philosophie dans les lycées se ramènent à une plainte unique : la plainte inspirée par le sort des élèves médiocres.

Pauvres élèves médiocres! C'est eux pourtant qui auront le ciel! Et on nous les dépeint, accablés sous le faix des énormes entités forgées par la métaphysique; on nous apitoie au spectacle de leurs efforts désespérés pour suivre la chevauchée des systèmes ; on nous indigne sur l'improbité finale à laquelle ils se voient réduits, de répondre doctement sur des questions dont le sens leur sera à jamais fermé. Les bons élèves inspirent moins d'intérêt ; ceux-là se tireront toujours d'affaire. Qu'ils se débrouillent à la Faculté ou ailleurs, il n'y a pas à s'en inquiéter. Mais la masse des faibles, des humbles, des indolents, des opaques, voilà ceux qui méritent nos sympathies, ceux qu'il faut sauver, fût-ce par le sacrifice des bons, minorité insignifiante !

Et d'abord, je ne concéderai pas sans lutte que nos classes, même à Paris, présentent ces disproportions colossales : ici, une poignée de forts; plus loin, derrière un abîme, une multitude de déshérités. C'est là un tableau imaginaire. Nos grandes classes offrent bien plus de continuité. La bonne parole du maître, sans produire dans toutes les âmes les mêmes fruits, laisse quelque germe en plus d'une parmi les modestes. Il est arrivé, j'en suis sûr, à plus d'un de mes collègues, comme à moi, de retrouver plus tard tel ancien élève effacé, dont le nom même n'avait laissé dans notre mémoire que peu de trace : devenu médecin, industriel, notaire même, l'image de sa dernière classe enchantait sa pensée ; une idée vigoureuse avait fait en lui son sillon, ou encore c'était quelque grande doctrine entrevue, et il en avait gardé pour la vie un éblouissement.

Mais, à supposer que ces sombres couleurs fussent fidèles, pourquoi faire à la philosophie un crime de ce qui est la condition commune ? N'en va-t-il pas de même pour la série entière des humanités ? Que dire, notamment, de la rhétorique ? L'enseignement qui s'y donne n'est-il pas, en un sens, le plus aristocratique de tous ? Dans cette classe, que cultive-t-on ou plutôt qu'achève-t-on de cultiver ? Le goût, c'est-à-dire la chose du monde le plus inégalement répartie par la nature. Et ce goût devra se faire, selon l'occurrence, grec ou latin, sentir la naïve grandeur d'Homère, la fraîcheur de Lucrèce, la tendresse et la mélancolie de Virgile ! Parlons franc : combien, dans une de ces grandes classes, éprouvent pour les beautés

auxquelles on les initie autre chose qu'une insurmon-
table aversion ? Je me rappelle encore notre brillant
professeur M. Merlet, s'interrompant, au cours d'une
explication des *Géorgiques* et, pris de la fièvre de
l'enthousiasme : « Entendez-vous ! Messieurs, c'est la
note virgilienne ! » A cette note, hélas ! combien d'o-
reilles demeuraient sourdes !... M. Monod voudra-t-il
reléguer la rhétorique dans l'enseignement supérieur ?

On insiste et, tout en convenant que les études classiques glissent sur la grande majorité des jeunes
gens que le snobbisme des parents contraint de s'y
adonner, on veut que le cas de la philosophie soit
plus grave et l'échec de cet enseignement plus signalé.
On accuse les maîtres qui le distribuent de subtiliser
à l'excès, de se complaire dans une sorte d'ésotérisme
où le vieux bon sens est inapte à les suivre, d'employer
une terminologie obscure, épouvantail qui détourne
les sincères curiosités et, dans ce goût de raffinement
à outrance, on découvre obligeamment la cause du
peu d'action exercé au dehors, affirme-t-on, par la
spéculation française contemporaine.

Qu'il arrive à l'enseignement philosophique de nos
grandes classes de pécher par trop d'abstraction ;
qu'il ne puisse que gagner à s'humaniser davantage,
à se faire plus concret, plus simple et plus familier,
j'aurais mauvaise grâce à n'en pas tomber d'accord,
puisque enfin les maîtres qui lui ont donné son orientation sont les premiers à le reconnaître. Et, si de la
petite campagne dont M. Vandérem a pris l'initiative
une moralité se dégage, c'est assurément celle-là.
Mais encore ne faut-il rien exagérer et, si l'excès de

subtilité est un mal, la banalité facile et creuse en serait un autre bien plus fâcheux. Nos grands élèves répugnent parfois, je le veux bien, aux obscurités où un guide trop ardent les entraîne. Ils répugneraient bien davantage aux antiques lieux communs et à la dialectique expéditive des cris de l'âme, des désirs innés de nos cœurs, des croyances, sur lesquelles toute société repose, des vérités attestées par le consentement universel. Un cours tracé selon ce cadre ne serait pas toléré. Petits et grands se satisfont à moins bon compte qu'autrefois. M. Janet rappelait excellemment que ce besoin de raffiner se fait sentir dans l'enseignement des sciences abstraites, et les mathématiciens blanchis ne sont pas sans en prendre ombrage. Le même phénomène a lieu dans les arts. L'oreille de nos poètes s'est faite moins accommodante et réclame des rythmes plus compliqués; la paresseuse harmonie du classique opéra français est devenue la risée de nos jeunes musiciens et ce n'est pas M. Monod, je pense, qui leur en marquera de la rancune. Il en va de même dans tous les ordres. Mais si quelqu'un a le devoir strict de ne se point contenter aisément, c'est le philosophe. Cette exigence à l'égard de soi-même lui est commandée par la science même de son choix. Il est tenu d'approfondir, parce que les choses sont profondes et que ce qu'il en veut atteindre, ce sont les lois secrètes et l'intime essence. S'il arrive à son style de gauchir, il est, en vérité bien excusable. Car enfin, que l'on songe au tour de force qui lui est demandé : celui d'exprimer dans le verbe commun, c'est-à-dire dans un langage

créé pour traduire les superficielles impressions que
nous fait éprouver le monde des apparences, des
vérités portant sur ce qui est supérieur et intérieur
à ces apparences et qui les doit expliquer, parce qu'il
est autre qu'elles ! Toute idée philosophique est con-
damnée à se réfracter dans une atmosphère d'images;
si abstraite soit-elle, il lui faut subir la violence de la
métaphore. Cette gageure, les Descartes, il est vrai, et
les Malebranche l'ont tenue. Le sublime auteur de la
Siris a donné l'exemple et le précepte : « Il faut penser avec les savants, parler avec la foule. » Et c'est le
sage parti. Dans sa lutte contre la métaphore, la
pensée abstraite est vaincue d'avance et, puisqu'elle
doit tomber, qu'elle tombe avec grâce ! Quant aux
irréductibles qui se refusent aux transactions et qui
encourent sans sourciller le surnom de « ténébreux »
donné déjà par les anciens au profond Héraclite, je
n'ai pas le courage de condamner leur orgueil.

Mais c'est trop garder la défensive : la philosophie
aurait beau jeu à mener l'attaque à son tour. L'enseignement de l'histoire, auquel M. Monod n'est pas,
j'imagine, indifférent, ne connaît-il pas, pour son
compte, les reproches et les plaintes dont on voudrait
réserver à la philosophie le privilège ? Que de fois
n'a-t-il pas été, dans ces dernières années, en butte
à des accusations tout analogues ! On le blâme de ses
tendances toujours plus accusées à transformer la
classe en un cabinet d'archéologue, à abuser du
document, à se perdre dans le détail de la monographie, à verser dans une spécialisation fastidieuse, à
traiter nos lycéens comme de prochains archivistes,

au lieu de les préparer à ce qu'ils doivent être, c'est-
à-dire d'honnêtes gens informés des grands événements politiques et sociaux qui ont transformé le
monde. On déplore que de plus en plus la confusion
soit commise entre ce que doit demeurer l'histoire
dans nos collèges et ce qu'elle peut devenir dans nos
facultés. Il me revient que des hommes autorisés
accueillent avec défiance les modifications introduites
ou annoncées dans l'agrégation d'histoire, examen
qui constitue le grand régulateur de notre enseignement secondaire ; ils reprochent à ces nouveautés de
transformer en une répétition générale du doctorat
une épreuve qui doit rester avant tout professionnelle. M. Monod n'ignore rien de tout cela. Et, en
vérité, quand il nous propose de retourner au spiritualisme, il me vient à l'esprit deux pensées : la première est de le remercier de l'ardeur qu'il apporte à
nous fixer une orthodoxie, sous cette réserve toutefois qu'il se montre moins laconique. A quel spiritualisme, en effet, médite-il de nous rallier ? Celui
de Leibniz, celui de Berkeley, deux métaphysiciens
qui ont dévolu aux seuls esprits l'existence substan-
tielle ? ou ne serait-ce pas, j'en ai peur, cette doctrine
hybride à laquelle le nom de dualisme conviendrait
mieux, et que patronnèrent, en Angleterre, Thomas
Reid, chez nous, Royer-Collard, Victor Cousin, Dami-
ron [1] ? Ma seconde pensée serait qu'il lui faut alors
prêcher d'exemple, user de persuasion avec nos mai-

(1) Au fond, c'est toujours la conception du philosophe-aumô-
nier, chère à M. Simon. — On me permettra de renvoyer à mon
article *Querelle de philosophie. M. Jules Simon et les prédica-
teurs laïques.* (*Revue Bleue* du 7 février 1891.)

tres d'histoire, afin qu'ils nous rendent le clair Anquetil ou même, pourquoi non ? l'élégant abbé Vertot.

La philosophie française fait peu de bruit par delà nos frontières ! — Je ne sache pas non plus que notre école historique révolutionne l'Europe. La modestie est une trop belle vertu pour que nos philosophes en veuillent détenir le monopole. Parlons sérieusement. Je tiens qu'un penseur de la puissance de M. Renouvier — pour citer le nom d'un homme sans attaches académiques ni universitaires et d'un homme qui a exercé sur la jeune philosophie une action profonde — peut soutenir la comparaison avec les plus renommés en Allemagne et en Angleterre. Si l'étranger le connaît mal, c'est tant pis pour l'étranger, et nous aurions dans une telle ignorance la confirmation de ce fait plus d'une fois signalé, que l'Europe de plus en plus s'éloigne du bel internationalisme scientifique en vigueur chez elle aux deux derniers siècles. Notre pays n'est que fidèle à son génie en refusant de céder à cette fureur d'isolement. Qu'il prenne garde pourtant d'être dupe de son éclectisme ; ses voisins, s'il se déprécie, ne demandent qu'à le prendre au mot.

Il serait aisé de poursuivre et d'achever de nous convaincre que les intérêts des deux enseignements, philosophique et historique, sont étroitement solidaires. Le mot du poète latin est toujours bon à méditer : « Ton bien est en péril quand brûle la maison voisine. » Le jour où la curiosité philosophique se sera émoussée dans nos classes, ce ne sera pas, qu'on le sache bien, pour les études historiques tout profit.

Actuellement cette curiosité est, en dépit des Cassandre, extraordinairement intense. M. Monod constatait (nous ne l'aurions pas osé dire) que l'agrégation de philosophie attire l'élite des candidats; il sait que nos classes de philosophie sont, pour la plupart, suivies avec passion; qu'en un mot, cet enseignement jouit auprès de la jeunesse studieuse d'une grande popularité[1]. Faut-il donc que, pareils à ce personnage de comédie, nos médecins prennent alarme de cette exubérance de santé et se livrent à une consultation savante, parce que décidément le malade souffre d'aller trop bien?

Le succès de la philosophie dans nos lycées dérive lui-même de deux faits généraux. Le premier est l'empire toujours plus grand exercé par la loi de la division du travail intellectuel et la réaction salutaire qu'à un point nommé de l'éducation cet empire doit susciter. Toute étude est devenue un monde et tend à accaparer les laborieux qui la cultivent; les études rivales ne s'enflent pas moins et aspirent de même à occuper, elles seules, nos programmes d'instruction. Et ainsi l'apport de chaque science se fait toujours plus démesuré. Par un juste retour, de plus en plus la nécessité s'impose à l'esprit du jeune homme d'avoir un temps de répit où, déposant le poids de ces acquisitions bigarrées, il puisse se rassembler en quelque sorte, prendre possession de lui-même, s'in-

(1) V. l'article de M. André Berthelot, agrégé d'histoire : *Rhétorique et Philosophie*, article paru antérieurement à la polémique actuelle et où l'ascendant de l'enseignement philosophique sur la jeunesse contemporaine est vivement décrit. (*République Française* du 15 novembre 1893.)

terroger sur sa nature, se percevoir dans son unité comme dans sa relation avec la matière de son savoir; où il puisse également se faire une conviction sur la fin supérieure de son activité, fin à laquelle les buts secondaires auxquels se limitent les âmes sans idéal devront se subordonner. Et la place de cette méditation méthodique n'est-elle pas toute marquée au terme des études qui, sans un tel complément, manqueraient à leur beau nom d'*humanités* ?

Le second fait que je veux dire, et ici je voudrais avoir, contre M. Monod, M. Monod même pour allié, est la merveilleuse extension qu'ont acquise, dans ce siècle, les études historiques et leur prise de possession de l'activité humaine dans tous ses emplois. Rien n'est excepté de leur enquête : pas plus l'évolution des langues ou la destinée des formes religieuses que la genèse et la transformation des États. Comment feraient-elles l'ombre sur la succession des doctrines qui ont renouvelé l'idée que l'homme se fait de lui-même et de l'univers ? Quoi ! votre élève, au sortir de vos mains, ne bronchera pas sur l'histoire militaire et politique ; mais à l'histoire des idées il n'aura pas eu le moindre accès ! Comme si la victoire d'un Socrate sur la Sophistique ou l'avènement d'un Aristote n'étaient pas, dans le cours du monde, des événements au moins égaux en importance aux batailles d'Alexandre, que notre lycéen connaît peut-être sur le bout du doigt ! Ou comme si la célèbre marche dialectique de Descartes, dans le *Discours de la Méthode*, n'avait pas une portée comparable à toute la stratégie d'un Condé ou d'un Turenne, sur laquelle un bache-

lier de marque n'aura pas l'ombre d'une hésitation !
Et que l'on n'allègue pas la difficulté d'un tel exposé
comme excuse de son omission ! L'historien qui déroule les plans d'un Henri IV ou d'un Richelieu n'a
le plus souvent, pour en être informé, que l'indice
tout extérieur fourni soit par les faits accomplis, soit
par des documents destinés bien plutôt à déguiser les
fins secrètes qu'à les mettre au jour. Les princes de
la pensée philosophique ont consigné leurs conceptions dans des livres publiés, j'imagine, pour être lus
et dans l'espoir qu'ils seraient compris. Se passer de
les faire connaître, sous prétexte qu'eux seuls ont
vu clair dans ce qu'ils ont écrit, serait véritablement
leur prêter un peu trop d'innocence.

Ce sujet soulèverait une question trop spéciale :
celle de savoir quelle place revient à l'histoire des
systèmes dans l'enseignement philosophique et quel
est le meilleur mode de présenter cette histoire. Il
me serait, sur ce point, impossible de souscrire aux
opinions émises par mon cher maître, M. Fouillée.
Mais ce n'est pas le lieu de greffer une discussion nouvelle sur une discussion déjà longue.

Je voudrais, en terminant, dire un mot d'une adhé-
sion assez piquante aux vues de M. Vandérem et de
M. Monod. Les réformes qu'ils préconisent n'auraient
point, paraît-il, le mérite de l'originalité, et les établissements des Jésuites les ont réalisées il y a beau
temps. Certes, je ne suis pas de ceux que met hors des
gonds toute une idée d'emprunt à ces vieux rivaux de
l'Université. Les Jésuites furent des pédagogues hors
de pair et je n'ignore pas qu'un illustre antipapiste,

Bacon de Vérulam, rendit un éclatant hommage à leur habileté d'éducateurs, leur appliquant ce mot d'Agésilas à Pharnabaze : « Étant ce que je te vois, plût à Dieu que tu fusses des nôtres ! » Mais je n'imagine pas que le précurseur de la philosophie expérimentale eût poussé la déférence jusqu'à attendre de cette société fameuse qui incarne, dans l'Église, l'esprit d'obéissance et de discipline, le modèle d'un enseignement qui ne vit que de liberté.

P.-S. — Combien il est difficile de tenir le rôle de juge du camp, lorsque l'on a soi-même le fleuret à la main, on le verra plus bas, par l'exemple de M. Vandérem. Son prétendu résumé de clôture n'est que la spirituelle reprise de son argumentation antérieure, avec cette circonstance aggravante qu'il a dû mutiler les raisonnements de ses adversaires pour leur arracher je ne sais quel imaginaire aveu. Moins directement mêlé aux débats, il en eût, je pense, dégagé une conclusion tout autre. Partisans et adversaires de l'enseignement philosophique au lycée tombent d'accord sur son incomparable ascendant sur la jeunesse. Est-ce là un signe de caducité ? Tant de choses vont, en France, d'un pas boiteux, que choisir, pour la redresser, précisément l'une des rares qui sont d'aplomb, serait céder par trop à l'ivresse de réformer. « Ne touchons pas à ce qui vit, » observait un jour M. Lachélier. — Ou n'y touchons, dirai-je à mon tour, qu'avec une infinie prudence.

Le résumé de M. Vandérem se retournerait donc le plus aisément du monde. En ce qui concerne la part spéciale qui m'y est réservée, il va sans dire que la miniature qu'elle offre de ma discussion n'a pas avec l'original la ressemblance la plus éloignée. De toute évidence, quand il feint d'apercevoir que le souci de la « concurrence » a été l'âme de mon article, M. Vandérem s'amuse. Et il y aurait trop de candeur à rétablir mon vrai dessein : montrer que tout enseignement qui se fait plus savant, plus raffiné, plus fort, l'histoire, par exemple (je répondais à un historien) encourt les mêmes reproches que s'est attirés la philosophie [1].

30 juin 1894.

(1) Voir la note, p. 173.

X

Seconde lettre de M. Gabriel **MONOD**.

Mon cher Directeur,

Je ne veux pas répondre à la lettre de mon collègue
et ami M. Lyon, ni greffer une polémique personnelle
sur la discussion ouverte par M. Vandérem au sujet
de la classe de philosophie. Je tiens seulement à protester contre une accusation de M. Lyon. Il me soup-
çonne de sentiments hostiles à l'égard de la philosophie elle-même, parce que je voudrais renvoyer aux
Facultés une partie de l'enseignement donné aujour-
d'hui dans les lycées. Cette même opinion a été soutenue par M. Renan, par MM. Lavisse et Gaston
Paris; ils ont cru comme moi défendre les vrais
intérêts de la philosophie. Faire de la dispute une
querelle entre l'histoire et la philosophie, c'est la
déplacer et la dénaturer. Ce n'est pas au nom de
l'histoire, mais au nom des lettres que je regrette
l'organisation actuelle de la classe de philosophie. Je
crois que donner comme couronnement aux études
classiques une classe où l'on ne fait que de la philosophie et des sciences, et d'où les lettres classiques

sont exclues, est une anomalie qui ne s'explique par aucune conception pédagogique, mais uniquement par les conditions historiques dans lesquelles la classe de philosophie a pris naissance. — Le salut des études classiques, si menacées aujourd'hui, sera, à mes yeux, dans une refonte complète de la classe de philosophie.

Agréez, etc.

XI

Lettre de M. L. MARILLIER

Monsieur le Directeur,

Vous m'avez fait l'honneur de me demander mon opinion sur la valeur des critiques que dirigeait, il y a quelques semaines, votre collaborateur, M. Vandérem, contre l'enseignement actuel de la philosophie dans les lycées; si j'ai différé jusqu'à aujourd'hui ma réponse, c'est que j'espérais que parmi les hommes éminents que vous avez prié d'exprimer leur sentiment sur les questions qui étaient soulevées, il s'en trouverait quelqu'un qui dirait précisément ce qui me semblait nécessaire à dire, et qui le dirait avec un talent que je n'ai point et une autorité que je ne saurais posséder; mais puisque enfin ce que je souhaitais d'entendre dire, on ne l'a point dit, et que le débat semble tout près d'être clos, il me faut bien me décider à prendre la parole.

Ce que M. Vandérem semble avoir perdu de vue, c'est que la philosophie, en certaines de ses parties du moins, est une science, une science constituée et bien vivante, qu'en cette qualité elle est susceptible d'être enseignée comme toute autre science, au même titre par exemple que la botanique ou la chimie. C'est se faire vraiment de la philosophie, c'est-à-dire

avant toutes choses de l'étude analytique des faits de
conscience, une bien étrange et mystique idée, que de
la transformer en une sorte de symbole ou de credo
« qu'il faut dix minutes pour énoncer et toute une vie
pour connaître ». Dix minutes vraiment, c'est bien
court pour exposer les principes généraux d'une
science, si diligent que puisse être le professeur. Et la
vie tout entière, c'est bien long; il y a pour les
hommes qui ne font pas métier d'être psychologues,
autre chose à connaître que des événements psychiques.

J'avoue que si l'enseignement de la philosophie
devait consister à faire méditer les élèves « sur le
mystère des choses et l'incertitude de la destinée
humaine », l'année qu'on consacre à cet enseignement me semblerait, comme à M. Vandérem, une
année perdue. Il n'y a rien à gagner à enseigner dog-
matiquement pendant 150 leçons à 40 élèves étonnés
que l'univers est tout rempli de mystère et que nous
ne savons pas de source certaine quel est le terme où
nous marchons. Ce sont là thèmes excellents de pré-
dication, ce ne sont pas matières d'enseignement.
Mais je ne vois vraiment pas ce qu'ont de plus mysté-
rieux les lois par exemple de la perception des couleurs que celles de l'échange des gaz dans les poumons
et s'il y a dans la théorie du raisonnement déductif
matière à se troubler davantage que dans la théorie
des nombres ou la loi de la chute des corps.

Que si vraiment au sortir de rhétorique les jeunes
gens sont mal préparés à suivre un cours de psychologie ou de logique, la faute n'en est point à la logique

ni à la psychologie, mais au mauvais enseignement tout extérieur et superficiel, à l'enseignement oratoire et vide qu'on leur a donné en rhétorique. Seulement il ne paraît point certain que les classes de rhétorique ne forment que des déclamateurs à vide, il semble au contraire que l'étude sérieuse et méthodique des œuvres littéraires soit une merveilleuse préparation à l'intelligence des lois de la psychologie — et en fait, la majorité des élèves de philosophie ne se trouvent pas si dépaysés dans le domaine nouveau où il leur faut pénétrer. L'objection porterait au reste tout aussi bien contre l'idée d'enseigner à des élèves qui sortent de rhétorique les mathématiques ou la chimie, or il semble bien que ceux-là réussissent le plus brillamment dans l'étude de ces sciences qui ont reçu une forte et complète culture littéraire.

Ce sont les termes surtout dont on se sert en psychologie qui doivent, paraît-il, déconcerter l'élève et le jeter en d'étranges perplexités, et ces termes si barbares, ce sont des mots tels qu'images, sensations, monde extérieur, etc. Sont-ils donc plus malaisés à comprendre que des termes comme équivalents, atomes, molécules, potentiel, interférence, longueur d'onde, etc., qu'ils rencontreront à chaque pas dans l'étude des sciences physiques? Se refusera-t-on à leur faire étudier ces sciences, parce que ces mots ils ne les ont point trouvés dans La Fontaine ni dans Molière? Si ce que veut dire M. Vandérem, c'est qu'il y a des professeurs de philosophie dont l'enseignement est obscur et la langue difficile parfois à comprendre, c'est là une affirmation que je ne saurais réfuter, parce que je ne connais pas tous les professeurs de philosophie de France, mais c'est un argument qui n'est pas plus probant que celui qui concluerait à n'apprendre point à lire parce qu'il y a de mauvais maîtres d'école. Ainsi que le dit excellemment M. Marion, « le meilleur programme n'agit que par les bons maîtres, qu'il n'a pas du tout la vertu de susciter ». Et si quelques professeurs de philosophie enseignent mal, ce que je ne sais point, la faute n'en est pas à la science qu'ils ont mission d'enseigner, mais à eux-mêmes.

Les élèves, dit M. Vandérem, ne se demandent pas pourquoi on leur fait étudier la philosophie. J'y consens, encore que cela ne soit point certain. Mais ils ne se demandent pas davantage pourquoi on leur enseigne la géométrie, la physique ou l'histoire; ils les étudient cependant et à leur plus grand profit. Comment comprendre, comment sentir l'intérêt et l'utilité d'une science que l'on ne connaît point?

C'est l'éducation religieuse qui seule, dites-vous, peut mettre en goût de philosopher, et cette éducation, les élèves des lycées ne la reçoivent point, mais j'ai connu des âmes excellentes et fort pieuses, et qui cependant n'étaient guère préoccupées de savoir quelles lois présidaient à l'organisation de nos habitudes et comment se pouvait réaliser la localisation de nos souvenirs. La religion est une haute et grande chose et qui ne tiendra jamais dans une éducation une trop large place, mais vraiment il ne semble point qu'elle ait rien à démêler avec les lois des sensations visuelles ou celles de l'action réflexe.

Le malheur irréparable serait que les maîtres ne comprissent point qu'ils ont charge d'enseigner à leurs élèves une science définie et précise, de leur faire connaître un certain ensemble de phénomènes, distincts de tous les autres événements de la nature, les lois qui les relient, les méthodes qui permettent de les étudier. Quelles que puissent être les applications ultérieures de cette connaissance analytique de l'esprit à la pratique, à la pédagogie par exemple, à la morale ou à la politique, cette connaissance a, comme toute science, en elle-même sa fin première et son but immédiat : on n'apprend pas la psychologie « pour arriver à une doctrine sur la liberté »; on apprend la psychologie pour connaître la structure de l'esprit, les lois de coexistence et de succession des phénomènes psychiques; la psychologie, la logique, la science sociale sont des sciences comme les autres qui doivent être enseignées comme les autres, dans le même esprit libre et désintéressé. Il est indispensable sans doute d'apprendre aux jeunes hommes à être honnêtes gens, mais les meilleures choses ne sont bonnes qu'à leur place, et il ne faut pas moraliser sans cesse et à tout propos; ajoutez qu'il n'y a peut-être pas au reste entre la morale pratique et la doctrine métaphysique du libre arbitre, des liens aussi étroits qu'il semble.

M. Vandérem s'indigne que la philosophie qu'on enseigne dans les lycées ne soit point la philosophie « souriante et causeuse » de Socrate, et que les professeurs aient la déplorable habitude de ne point parler de tout à la fois, mais j'avoue à ma honte

qu'un cours de géographie où on décrirait à chaque
leçon la terre entière ou bien un cours d'histoire
où l'on passerait constamment et sans ordre des mo-
narques assyriens à la Révolution française ou de la
cité d'Athènes à la Prusse de Frédéric II, me semblerait la chose du monde la plus obscure, et je suis
contraint de reconnaître que je n'aurai jamais le courage de faire à des professeurs un crime de laisser
apercevoir à leurs élèves qu'on a fait depuis Socrate
en psychologie quelques découvertes et aussi quelques découvertes en physiologie depuis Hippocrate. Je
ne pense pas que ce soit un vrai danger pour un
jeune homme que de lire une page d'Aristote, de
Hume ou de Stuart Mill, et qu'il coure risque par cet
excessif effort d'altérer sa raison; ce ne sont point
après tout des grimoires magiques que ces textes, et
ce contact des grands génies philosophiques n'est pas
si malsain. Quelques mois se seront à peine écoulés que
plusieurs d'entre ces élèves de philosophie que plaint
si fort M. Vandérem se seront adonnés à l'étude des
hautes mathématiques; c'est chose aussi fatigante d'in-
tégrer des équations ou de résoudre des problèmes de
géométrie analytique que d'étudier les théories de
Leibniz ou de Kant sur la perception extérieure,
et il ne viendra à la pensée de personne de se désoler,
parce qu'on enseigne à son fils une science que Descartes et Newton ont fondée. Sans doute, les élèves
pourront être déconcertés par l'exposé de certaines
théories d'allure paradoxale, telles que la théorie de
l'idéalité de l'espace et du temps, mais elles ne les
surprendront pas beaucoup plus à coup sûr que la

théorie vibratoire de la lumière ou la théorie de la multiple atomicité du carbone, et notez que ces théories physiques ou chimiques, il faut bien les enseigner, qu'elles tiennent au corps même de la science, tandis que rien au monde ne saurait contraindre un professeur à parler de l'immatérialisme de Berkeley ou des formes *a priori* de la sensibilité. On peut exposer la psychologie tout entière et ne rien omettre d'essentiel, sans nommer une seule fois Kant, Hume ou Berkeley ; je ne dirai pas qu'on le doive, mais on le peut, et rien n'est plus simple que de passer sous silence ces théories savantes, si on juge que ses élèves sont hors d'état de les comprendre. Il y a, chez M. Vandérem, une sorte d'idolâtrie pour les grands métaphysiciens ; à l'entendre, la philosophie n'existerait point en dehors de leurs doctrines particulières, et on ne saurait l'enseigner qu'en analysant les uns après les autres leurs systèmes. Cette conception est après tout naturelle chez un écrivain qui transforme tous les philosophes « en des espèces de poètes réfléchis, d'imaginatifs méditateurs, qui ont formulé tour à tour des sortes de poèmes approximatifs, des hypothèses vagues sur ce qu'étaient l'humanité, sa destinée, ses devoirs ». Il oublie qu'à côté des spéculations métaphysiques, se sont formées et ont grandi deux sciences : l'une, la logique, aussi rigoureuse, aussi exacte que la géométrie ; l'autre, la psychologie, aussi positive en ses méthodes, sinon aussi certaine en ses résultats, que la physiologie, que, comme toutes les sciences constituées, elles sont devenues maintenant impersonnelles, que ce n'est plus le système de tel ou tel qu'on enseigne, mais les lois de l'attention ou celles de la mémoire. Nulle méthode n'a peut-être contribué davantage à faire parfois dégénérer en une sorte d'éristique un enseignement qui aurait dû garder un caractère scientifique et positif que cette mauvaise habitude de considérer la psychologie comme une sorte de théologie laïque où tout repose sur des autorités, et de passer à discuter des systèmes le temps qui eût été mieux employé à exposer des faits. Mais cette méthode défectueuse, rien ne contraint les professeurs à la suivre; si les programmes leur imposent de traiter un certain ensemble de questions, ils les laissent entièrement libres de traiter ces questions comme ils le jugent utile pour leurs élèves. En fait ils usent largement de cette liberté, et bon nombre d'entre eux font des leçons de psychologie, de logique ou de sociologie tout aussi scientifiques et aussi entièrement débarrassées de tout inutile déploiemen de polémique et d'argumentation que les leçons de physique ou d'histoire naturelle que professent leurs collègues.

Le grand argument de M. Vandérem contre l'existence même des classes de philosophie, c'est que sur cinquante élèves, il n'y en a qu'une dizaine qui comprennent quelque chose à ce que vient de leur débiter tristement pendant neuf mois durant un professeur résigné. Ce serait chose grave, à coup sûr, de maintenir dans le cadre des études qui sont imposées à tous ceux qui veulent entrer dans une carrière libérale, un enseignement qui doit nécessairement demeurer stérile pour les huit dixièmes de ceux qui le suivent, et l'on est pris à la fois d'indignation et de pitié à la pensée de ce chœur plaintif de quarante adolescents qui suit d'un œil mélancolique les brillantes évolutions d'un maître expert en l'art de bondir agilement d'un argument à l'autre. Seulement, si nous réfléchissons un instant, nous apaiserons notre indignation et notre pitié, et les réserverons pour un meilleur et plus nécessaire usage. Ce tableau que trace d'un pinceau habile M. Vandérem est, à coup sûr, tout empli de tristesse, mais c'est peut-être en l'imagination seule de M. Vandérem qu'il a son modèle. Où est la preuve de ce qu'il avance? Les témoignages de M. Boutroux, de M. Janet, de M. Fouillée, de M. Marion, mieux informés sans doute que lui, viennent infirmer le sien. Qui faut-il croire en ce débat? Le plus sage, en l'absence d'une statistique exacte, est, sans doute, de penser qu'il y a, en philosophie comme dans toutes les autres classes, de bons et de mauvais élèves, des élèves intelligents et d'autres qui ne le sont point, des élèves qui travaillent et des élèves qui ne travaillent pas. Est-ce à dire, parce qu'il y a des enfants qui n'ont pas de goût pour le latin, qu'il faille l'effacer des programmes, et cesser d'enseigner les mathématiques, parce que certains esprits sont rebelles à cette discipline? A raisonner ainsi, on en viendrait vite à conclure que la sagesse est de n'enseigner rien à personne, parce qu'il est des enfants qui préfèrent jouer aux billes que d'apprendre à lire. Les professeurs de philosophie, en général, n'ont pas du reste pour les élèves cet indifférent mépris que leur reproche éloquemment M. Vandérem; ils les interrogent, ils cor-

rigent leurs devoirs, ils les amènent à comprendre
peu à peu ce qu'ils n'ont point tout d'abord saisi ; je
ne dis pas que tous fassent ainsi, mais bon nombre le
font, et rien n'empêche les autres de les imiter ; il
n'est pas besoin pour cela d'une refonte des programmes.

Il faut dire qu'aux yeux de M. Vandérem l'enseignement de la philosophie est aussi stérile pour les
dix élèves privilégiés que pour tous les autres. Il s'indigne qu'en sortant de la classe de philosophie, tous
les élèves ne soient pas des « philosophes », mais
tous les bacheliers sont-ils donc des historiens, des
naturalistes, des philologues, des mathématiciens, et
cependant de tout cela, grammaire, histoire, etc., ils
ont appris un peu et pour le plus grand profit de leur
intelligence et de leur jugement. Le tout, dit-on, n'est
pas de beaucoup savoir, mais de bien penser ; c'est
fort bien dit, mais encore ne saurait-on penser à vide,
et il faut, pour juger sainement et raisonner droit,
savoir beaucoup plus qu'on ne croit d'ordinaire ;
mille erreurs qu'on attribue au faux jugement des
gens ont pour cause unique leur ignorance. Le danger
est plus grand encore d'être ignorant en psychologie,
qu'en chimie par exemple ou en géométrie : si nous
ne savons rien des propriétés de la sphère ou des
combinaisons du soufre, nous savons du moins une
chose, c'est que nous n'en savons rien. La plupart de
ceux au contraire qui ne savent rien de la psychologie, sont persuadés qu'ils voient très clairement
dans leur âme et dans celle des autres, et ils se pren-
draient volontiers à rire, si on leur affirmait la

vérité, c'est-à-dire qu'ils se méprennent sur les autres et sur eux-mêmes dix fois en un jour. A s'observer soi-même, et à regarder agir et penser les autres, si l'on a un esprit aigu et pénétrant, habile à l'analyse et prompt aux vues d'ensemble, on arrive sans doute à édifier pour soi une psychologie empirique toute pleine au reste de trous, de lacunes et d'erreurs, mais que penserait-on d'un père qui, sous prétexte que son fils a l'intelligence vive, l'enfermerait seul en une bibliothèque et négligerait de lui faire apprendre à lire, dans l'espoir qu'avec l'aide de Dieu, il apprendra tout seul? Il nous semble donc indispensable de ne pas laisser les jeunes gens quitter le lycée sans les avoir munis d'exactes notions de psychologie; c'est l'indispensable bagage de tout homme pour qu'il fasse, comme il doit, son métier d'homme. Est-ce à dire pour cela que de chaque élève de philosophie un psychologue doive naître ou un logicien? Ce serait vraiment un bien grand malheur, si l'on ne pouvait étudier fructueusement une science qu'en se donnant à elle tout entier et en faisant de ses progrès le but même de sa vie. Lorsque l'éducation scolaire est terminée, il faut choisir un métier et une nouvelle éducation commence qui ne finira qu'avec la vie, l'éducation qu'on se donne à soi-même, l'éducation surtout que vous donne la profession que vous avez choisie. Si les études philosophiques vous rendaient incapable de recevoir cette éducation pratique et technique, elles seraient vraiment à condamner, et c'est alors que M. Vandérem aurait cent fois raison, et qu'il faudrait parler très haut d'une classe à sup-

primer : nul enseignement plus dangereux que celui
qui vous dégoûte et vous détourne de prendre un
métier.

Le grand mérite de l'éducation philosophique,
c'est précisément qu'elle est avant toute chose une
préparation à vivre, à agir, à s'acquitter utilement
de la fonction sociale qui vous échoit. Mais encore faut-
il pour qu'elle puisse avoir sur de jeunes esprits cette
influence, qu'elle soit d'abord un enseignement et un
enseignement aussi précis, aussi scientifique qu'il se
pourra, un enseignement qui ne s'encombre pas d'hypothèses sur l'au-delà (de ces hypothèses-là, il appartient à chacun d'adopter celle qui convient le mieux
à la nature de son esprit et qui satisfait le plus plei-
nement les besoins de sa conscience), qui fasse petite
la place aux théories et se réduise presque à exposer
et à analyser les événements de notre vie intérieure,
à expliquer les lois auxquelles ils sont soumis.
M. Vandérem voudrait que les professeurs de philo-
phie bornent leur tâche à enseigner à leurs élèves à
penser avec largeur, avec élévation et avec charité.
C'est sans doute un but très noble, mais ce ne sont point
là choses qui s'apprennent en un an. La tolérance,
la largeur indulgente de l'esprit sont des vertus que
la vie vous oblige parfois à comprendre et à aimer,
mais où il est malaisé de plier des âmes de seize ans.
Remarquez au reste qu'un enseignement, tout de sincérité et de prudence, tel que doit être un enseignement vraiment scientifique, enseignera dans la mesure où cela se peut enseigner à examiner avec bien-
veillance et respect toutes les opinions, de quelque

estampille qu'elles soient marquées. Mais M. Vandérem a gardé à vrai dire de la philosophie une conception romantique. Qu'ont donc affaire vraiment avec « la stupeur intime, l'effroi devant l'inconnu », l'étude du sens musculaire ou l'analyse du mécanisme mental qui nous permet de localiser les souvenirs ? Les sciences psychologiques n'ont point pour tâche de dévoiler « un grand mystère », mais de résoudre quelques centaines de problèmes distincts, qui tous peuvent recevoir une solution, sans qu'il faille pour cela sortir des limites de l'expérience.

Tous les professeurs de philosophie ne sont point, heureusement, des métaphysiciens et les métaphysiciens même ne le sont qu'à leurs heures. Pour tous ceux qui font de l'analyse de cette série de faits de conscience qui constitue le moi de chacun de nous, l'objet principal de sa pensée, nul métier n'est plus passionnant que le métier d'enseigner ; c'est une joie intime et profonde que d'épier, courbé sur ces âmes presque enfantines encore, la pensée qui s'éveille et par degrés apprend à se connaître. Une classe, c'est un laboratoire toujours ouvert, c'est mis en votre main un inépuisable répertoire d'observations, qu'on peut varier et diversifier à l'infini. Aussi ne puis-je guère ressentir pour les professeurs de philosophie cette pitié qu'ils inspirent à M. Vandérem, autant, ou peu s'en faut, que leurs infortunés élèves. Qu'un mathématicien, un philologue, un naturaliste, un historien, n'aime point à enseigner, cela se conçoit encore, mais un psychologue ! Autant vaudrait dire qu'il ne se soucie point de la psychologie. S'ils ont au reste quelque idée personnelle qui les tourmente et qu'ils brûlent d'exposer, que ne font-ils, ces professeurs, un article ou un livre? ils s'adresseraient à un plus large public et plus compétent que nul professeur en Sorbonne ne le peut faire. Encore seront-ils sages cependant, avant de les publier, d'essayer sur leurs élèves la valeur des explications nouvelles qu'ils ont cru découvrir; nous nous dupons aisément nous-même en des sciences où fait défaut le plus souvent le rigoureux contrôle de l'expérimentation ou du calcul, sur la netteté et la profondeur d'une théorie, que nous avons longuement et soigneusement élaborée. Elle nous paraît exacte, neuve et intéressante; nous l'exposons à des élèves, leurs objections bien souvent ou leur silence étonné nous déconcertent. Nous réfléchissons mieux et nous nous apercevons que notre explication n'explique rien ou tout au moins qu'elle a des trous, des lacunes, que nous avions inconsciemment comblés par des postulats inexprimés et que nous ne pouvons demander à autrui d'accepter comme nous les acceptons; en mettant les choses au mieux, c'est par la forme que nous péchons, nos idées sont justes, mais elles n'ont pas la simplicité, la clarté, les contours nets et bien définis, qui permettent à une théorie psychologique de s'imposer à l'esprit de tous. La conclusion est aisée à tirer : il nous faut remettre notre travail en chantier. Peut-être notre hypothèse ira-t-elle rejoindre cette longue file d'hypothèses hâtives, mal venues et tôt évanouies, qui, interminablement processionnent à travers l'esprit de tous les psychologues, peut-être trouverons-nous sa forme définitive et sa rigoureuse démonstration. Ce qui demeure certain, c'est que notre théorie n'était pas au point, que nous ne l'avions pas compris et que nos élèves nous l'ont montré sans le chercher.

Il semble donc bien que les élèves de philosophie et leurs maîtres ne méritent que dans une bien étroite mesure la pitié dont les a si largement gratifiés M. Vandérem. Est-ce à dire cependant que de ces nombreuses critiques dirigées contre l'enseignement de la philosophie, il n'y ait rien à retenir? Nous ne le croyons pas; une impression très nette se dégage en effet de cette série d'articles, c'est qu'on entasse trop vite dans l'esprit des jeunes gens, trop de faits qu'ils n'ont pas le temps de vérifier et d'étudier personnellement et directement, trop d'idées qui sont pour eux trop nouvelles. C'est là du reste le vice de notre système d'enseignement tout entier, et il semble qu'il résulte de la nature même des choses, de ce que l'enseignement ne peut, en dépit des désirs de certains pédagogues, se réduire à n'être qu'une culture; pour penser, il faut savoir et le nombre des notions qu'il faut nécessairement posséder s'accroît à mesure que s'étend le domaine de la science et que la vie sociale devient plus complexe. Il est décidément plus marqué cependant dans la classe de philosophie que partout ailleurs, et il importe de rechercher les moyens d'atténuer, sinon de faire disparaître, les inconvénients de cette surcharge excessive qu'impose à l'attention et à la mémoire des jeunes gens cette dernière des études secondaires. On peut concevoir au mal plusieurs remèdes. Et tout d'abord, le système qui consiste à

renvoyer aux Facultés l'enseignement philosophique.
On pourrait objecter que c'est là un expédient qui ne
remédie à rien, que l'on recule seulement la difficulté,
que si l'on désencombre un peu l'enseignement secondaire, c'est pour encombrer davantage l'enseignement
supérieur, qui n'en a vraiment pas besoin, mais ce
sont là des objections auxquelles il n'est point après
tout malaisé de répondre, du moins en apparence.
Les jeunes gens auxquels cet enseignement nouveau
s'adressera auront l'esprit plus mûr (à vrai dire ils
ne seront plus vieux que d'un an), moins surchar-
gés de besogne au lycée, ils aborderont avec plus
d'entrain et de vigueur ces études nouvelles auxquelles
on leur demandera d'appliquer leur réflexion; le
spectacle de la vie les inclinera à comprendre l'utilité
des connaissances psychologiques et sociales et leur
fera prendre aux recherches et aux analyses où on
les sollicitera un plus vif intérêt. Tout cela sans
doute est très juste : le malheur, c'est qu'on ne nous
dit point à qui se pourra bien adresser ce bel enseignement si fructueux, ni où il sera donné. Si c'est
dans les Facultés des Lettres, il ne profitera qu'à la
moindre part des jeunes gens, aux seuls étudiants
ès lettres à vrai dire et non pas même à tous, la plupart seront pris dès l'abord et tout entiers par les
études philologiques ou historiques, où les oriente-
ront leurs carrières et les professeurs de philosophie
enseigneront devant les banquettes; voudrait-on peut-
être rendre ces études obligatoires, cela suffira pour
les faire à tous déplaisantes et pour transformer en
une corvée administrative l'assistance aux cours. A

plus forte raison, cela est-il vrai des étudiants des autres Facultés : ils n'apprendraient pas de leur plein gré le chemin de la Faculté des Lettres. Veut-on placer des professeurs de philosophie dans les Facultés des sciences, les Facultés de médecine, etc., c'est un projet qui ne pourrait avoir pour excuse que le désir de faire à quelques psychologues ou métaphysiciens éminents de fructueux loisirs. Quel est l'étudiant en droit ou en médecine qui consentira à sacrifier quatre heures de sa semaine à suivre un cours de psychologie ou de logique? S'en trouvât-il un, ses études obligatoires et ses plaisirs ne lui laisseraient jamais les quelques heures de liberté qu'il lui faudra pour étudier les questions que le professeur n'aurait pu, dans son cours, qu'esquisser en quelques traits rapides.

Essayera-t-on de faire aux sciences philosophiques une place dans les examens, les candidats s'en tireront en apprenant par cœur un court manuel en huit jours; s'ils viennent au cours, ce sera pour se faire voir du professeur et ils utiliseront le temps de sa leçon pour mettre à jour leur correspondance, sous couleur de prendre des notes. Certes, il y aura une élite qui bénéficiera de cette haute culture, mais cette élite précisément n'a pas besoin qu'on s'occupe d'elle et elle saura toujours se donner à elle-même la culture qui lui est nécessaire. Ajoutez qu'il est beaucoup de jeunes gens qui ne passent pas par les Facultés, tous ceux par exemple qui au sortir du lycée entrent dans une école spéciale; attachera-t-on à chacune des grandes écoles un professeur de philosophie, à l'École

Polytechnique, à Saint-Cyr, à l'École des Chartes, à
l'Institut agronomique, etc. Le fît-on, quel enseignement psychologique et social recevraient donc les
jeunes gens qui ne traversent aucune école, mais dès
qu'ils sont bacheliers, se cherchent un gagne-pain,
entrent dans le commerce, l'administration? Il importe donc, d'après moi, de maintenir dans les lycées
l'enseignement de la philosophie, et il me semble que
la « classe de philosophie » n'est point du tout une
classe à supprimer. S'ensuit-il qu'il ne soit point
utile de la réorganiser? Pas le moins du monde.

La première idée qui se présente à l'esprit, c'est
qu'il faut alléger les programmes; alléger, c'est bientôt
dit, mais c'est chose singulièrement malaisée. On les
a déjà tant remaniés ces malheureux programmes,
on y a tant coupé, taillé, rogné, qu'on ne peut vraiment demander à une commission nouvelle de se
réunir pour travailler une fois de plus à cette vaine
et stérile besogne. La psychologie et la logique, c'est
un certain nombre de questions liées les unes aux
autres et entre lesquelles on ne peut arbitrairement
choisir; que le programme soit long ou court, qu'il
se contente d'indiquer des têtes de chapitre ou qu'il
entre dans les détails, ce n'en sont pas moins les
mêmes choses que bon gré mal gré, il faudra enseigner aux élèves. Un professeur de psychologie qui ne
parlerait point de l'attention dans sa classe, parce
qu'elle ne serait point mentionnée au programme,
semblerait aussi étrange qu'un professeur de chimie
qui omettrait de parler du chlore ou du soufre. Il ne
dépend pas des faiseurs de programme de modifier

les cadres et comme la structure organique d'une science et deux lignes : psychologie de l'intelligence, psychologie de la volonté, en disent autant aux gens du métier que trois pages de divisions et de sous-divisions.

Est-ce à dire cependant que les programmes actuels soient parfaits? Non sans doute, mais des programmes ne sauraient l'être et tels qu'ils sont, on en peut tirer bon parti. Peut-être conviendrait-il de restreindre encore la place qu'occupe actuellement dans l'enseignement de la philosophie son histoire, qui se réduit le plus souvent à n'être que l'histoire de la métaphysique, mais celle qu'elle occupe est en réalité déjà si petite, qu'il semble malaisé de la diminuer encore. La seule réforme utile, en ce sens, ce serait de renvoyer résolument à l'enseignement supérieur l'histoire de la philosophie, dont l'étude superficielle ne sert à rien et dont l'étude approfondie et sérieuse n'est vraiment utile qu'à ceux qui veulent faire métier de philosophes. C'est beaucoup plutôt au professeur d'histoire qu'au professeur de philosophie qu'il appartient de dire aux élèves l'essentiel sur les grands systèmes de métaphysique, de logique ou de morale, qui ont orienté l'esprit humain dans des voies nouvelles et ont exercé sur la structure même de la société ou sur l'opinion commune une profonde et durable influence. Pour les quelques théories purement scientifiques qu'il importe vraiment de connaître, il ne sera point difficile de leur donner place dans le cours, lorsqu'on traitera des questions auxquelles elles se rapportent, sans consacrer à l'histoire de la philosophie de leçons spéciales.

Mais même allégé de toute sa partie historique, le programme conserve encore une telle ampleur que l'on est effrayé quelque peu du prodigieux effort que l'on est entraîné à exiger des élèves. Notez bien que la rédaction du programme ne joue ici aucun rôle et que, malgré qu'on en ait, ce sont toujours les mêmes questions qu'on sera contraint de traiter, qu'elles soient ou non explicitement indiquées. Les réformes officielles et administratives ne sauraient prévaloir contre la nature même de la science qu'on a charge d'enseigner ; les faits dont l'analyse la constitue s'éclairent les uns les autres, les propositions où elle aboutit s'étayent mutuellement, on ne saurait se condamner à être obscur ou à affirmer sans preuves, par respect de la lettre d'un programme. Ajoutons que toute tentative en ce sens est frappée d'avance de stérilité, puisque liberté entière est laissée au professeur de disposer comme il lui convient son enseignement.

Mais cette surcharge dont il est peut-être légitime de s'effrayer pour les élèves à qui on l'impose ne résulte pas de la nature particulière des sciences philosophiques ; elle résulte seulement de ce qu'on prétend enfermer dans les bornes étroites d'une année scolaire un enseignement qui aurait besoin de plus d'espace pour se déployer à l'aise. Ce n'est point qu'il faille à mon sens consacrer aux études philosophiques un plus grand nombre d'heures que celui dont elles bénéficient actuellement, mais il faudrait que les élèves ne soient pas pourchassés comme ils le sont aujourd'hui de théorie en théorie, de question en question, qu'ils aient le loisir de réfléchir à ce qu'on leur enseigne, que ce qu'une leçon leur a appris ait le temps de trouver dans leurs esprits sa place avant qu'une autre leçon leur soit faite qui les contraindra à retenir encore des faits nouveaux, à comprendre encore de nouvelles lois. Une étude repose d'une autre, la chimie de la psychologie ou la langue grecque de la logique, mais en une même science on ne peut fructueusement passer à une proposition nouvelle que lorsque celle que l'on vient d'étudier s'est rendue familière à votre esprit et en quelque sorte assimilée avec lui, de telle manière que, sans y songer, vous la pensiez sans cesse et qu'elle vous soit devenue intérieure et accoutumée comme vos propres pensées. C'est une familiarité qui s'acquiert avec une rapidité singulière, mais encore y faut-il du temps et c'est là plus que toute autre chose ce qui manque à nos élèves de philosophie.

M. Fouillée, à jeter les yeux sur le séduisant programme qu'il a tracé, semble avoir esquivé la difficulté, mais à quel prix? En supprimant presque la logique du cadre des études, en réduisant l'enseignement de la psychologie à n'être qu'une rapide esquisse, une revue sommaire des solutions données aux principales questions. Est-ce là ce qui donnera aux jeunes gens la pratique assurée des méthodes, l'habitude de l'analyse, l'intelligence vraiment scientifique des questions psychologiques? Encore faut-il ajouter que pour les raisons que j'ai dites, cette simplification n'est qu'un trompe-l'œil : les professeurs qui sont de leur métier psychologues ne se résigneront pas à n'être pas compris; ils donneront à leurs leçons les développements nécessaires et quand ils en viendront à la morale et à la philosophie générale, ils courront la poste comme devant.

Le remède ce serait, semble-t-il, de disperser à travers toutes les classes l'enseignement de la philosophie, comme on a dispersé déjà celui de l'histoire, mais si l'on peut raconter à des élèves de quatrième les guerres de César ou décrire à des élèves de troisième l'organisation de l'empire de Charlemagne, comment pourrait-on raisonnablement espérer leur faire comprendre les lois de la perception extérieure ou de l'association des images? Cela fût-il possible et franchement c'est une hypothèse qui ne vaut guère qu'on la discute, il y aurait encore à ce système un grave inconvénient, que M. Marion et M. Fouillée ont nettement mis en lumière : « l'action d'un professeur qui n'a pas sa classe à lui n'est pas entière », et nul peut-être plus que le professeur de philosophie n'a besoin auprès de ses élèves d'un spécial prestige et d'une autorité particulière. Il est éducateur d'âmes tout autant que professeur, il enseigne une science, c'est vrai, mais une science qui arme pour la vie pratique, la vie vivante ceux qui l'apprennent de lui.

En revanche, je ne suis point persuadé que la philosophie « ne soit pas une de ces sciences qui se puisse enseigner par tronçons » et qu'il soit absurde d'attribuer ces tronçons à divers professeurs. La philosophie au sens scolaire du mot est une collection de sciences de même ordre plutôt qu'une science unique : de la philosophie bien des sciences se sont détachées qui en faisaient partie autrefois, ce travail est-il donc achevé et n'en est-il plus qui puisse à leur tour essaimer, vivre de leur vie indépendante et être enseignées à part. Il serait sans doute très fâcheux qu'il n'y eût plus de classe de philosophie et que l'enseignement des sciences philosophiques tombât au rang d'un enseignement auxiliaire, mais n'est-il pas possible de dédoubler la classe de philosophie et ce dédoublement ne donnerait-il pas satisfaction à la fois à toutes les légitimes exigences?

En une première année on enseignerait la psychologie et la logique; la seconde année serait consacrée à la morale et à la philosophie générale : on pourrait cette année-là faire une place, si on le souhaitait à l'esthétique.

Les inconvénients de cet enseignement où s'accumulent en trop peu de mois tant de notions diverses disparaîtraient ou du moins s'atténueraient fort. Les élèves auraient le temps de réfléchir sur ce qu'on leur enseigne, on n'imposerait point à leur mémoire l'effort exagéré de s'assimiler d'un seul coup des événements et des lois dont la connaissance constitue tout un ensemble de sciences nouvelles pour eux. Les professeurs seraient contraints, quelles que soient leurs préférences et leurs études personnelles, de laisser aux deux grandes divisions des sciences philosophiques l'importance respective que leur auraient assigné les programmes, et si les charges budgétaires le permettaient, le nombre des professeurs de philosophie s'augmenterait et les vocations spéciales trouveraient ainsi à se satisfaire, les psychologues n'ayant plus à

enseigner que la psychologie et la logique, les socio-
logues et les moralistes que la morale et les éléments
de philosophie générale qui lui sont étroitement unis.
L'enseignement en serait meilleur et plus personnel,
les travaux scientifiques plus nombreux. La psychologie et la morale sont deux sciences aussi distinctes
que la physiologie et la clinique médicale : ce ne sont
point les mêmes aptitudes qu'elles exigent, ni la
même culture spéciale.

Ajoutons que le plus grand avantage de cette com-
binaison, c'est qu'il n'y aurait plus désormais entre les
études classiques et l'enseignement des Facultés des
Lettres, cette solution de continuité qui désespère les
professeurs de philologie et d'histoire de l'enseignement supérieur. Comme il ne saurait s'agir d'augmenter notablement le nombre d'heures consacré à l'étude
de la philosophie, on voit qu'une part assez large pourrait être faite aux lettres anciennes pendant la dernière
année d'études, s'il fallait en revanche retrancher dans
l'année précédente une part du temps qui leur est
maintenant attribué. Je parle en effet ici dans l'hypothèse où ne serait pas augmenté dans les lycées le
nombre des années d'études et où il faudrait placer en
rhétorique l'enseignement de la psychologie et de la
logique, mais il est clair que ce n'est là qu'un pis-aller.
Si on faisait figurer la psychologie et la logique au baccalauréat de rhétorique déjà si encombré, il est clair
que les élèves une fois en philosophie ne se soucieraient
guère en majorité de la logique ni de la psychologie et
les négligeraient pour leurs études nouvelles, au grand
détriment de celles-ci. Si, au contraire, on laissait les

choses en l'état, les élèves de rhétorique n'écouteraient que d'une oreille les leçons du professeur de psychologie.

Le vrai remède est autre. On arrive trop jeune aujourd'hui à l'Université; on n'a point toujours pour suivre l'enseignement qui s'y donne l'esprit assez mûr, aussi n'en tire-t-on pas tout le profit qu'il serait possible; les carrières libérales sont encombrées, et le niveau de ceux qui y entrent ne s'élève point. Il n'y aurait donc aucun inconvénient à retarder d'une année la venue dans les Facultés de la plupart des jeunes gens et quant à ceux qui ne sont point destinés à passer par l'enseignement supérieur, il y aurait tout avantage à les retenir au lycée un an de plus, pour qu'ils aient le loisir, qu'ils ne retrouveront jamais, d'acquérir une culture plus complète. Ce que je souhaiterais, c'est donc qu'à la rhétorique succédassent deux années de philosophie, la première consacrée à la psychologie et à la logique, la seconde à la morale et à la philosophie générale. L'étude des lettres anciennes se pourrait ainsi continuer jusqu'à la sortie du lycée pour les élèves qui doivent passer par les Facultés des Lettres ou les Facultés de Droit; pour les élèves au contraire qui se destinent à la carrière médicale ou à l'étude des sciences de la nature, les heures que leurs camarades consacrent au grec et au latin seraient remplies par des classes de mathématiques, de physique et de chimie. Les élèves qui ne doivent point fréquenter l'Université choisiraient entre les deux combinaisons celle qui, pour des convenances personnelles, leur agréerait le mieux.

Tel est, à notre avis, le procédé le plus sûr de donner à l'enseignement philosophique la place importante qui lui revient de droit dans une démocratie sans lui rien sacrifier des autres disciplines ni imposer à l'esprit des jeunes gens une surcharge excessive. Si l'on y veut bien réfléchir, on verra qu'il est moins utopique qu'il ne semble et plus aisé à mettre en pratique.

XII

Lettre de M. l'abbé J.-A. CLAMADIEU.

Monsieur le Directeur,

Qui pourrait voir sans tristesse sur la couverture de quelque *Revue* cette annonce d'un article : « Rayez la France de la carte de l'Europe » ? Finirait-il par expliquer qu'il a voulu dire seulement : « Régénérez la France », l'auteur aurait attristé, sinon scandalisé, ceux du moins qui ne coupent pas les pages de — leur *Revue*, et les autres mêmes.

C'est là l'impression que j'éprouvais en lisant à plusieurs reprises dans la *Revue Bleue*, en sommaire : « L'enseignement de la Philosophie. *Une classe à supprimer.* »

Hé quoi ! mettre de telles syllabes, à cette heure, quand la philosophie est encore incomplètement remise du mal dont elle avait été atteinte, il y a quelques années, non certes par sa propre faute, non par un vice originel, non par la faute de ceux qui enseignent, mais par un accident vulgaire, au cours d'une récente invasion de barbares! Je m'explique. En 1890, le grand maître de l'Université avait paru trahir la Philosophie. Simple apparence toutefois. Il signa un décret dont les conséquences devaient être la suppression des points de faveur des « philoso-

phes » à l'examen de Polytechnique et de Saint-Cyr,
l'inconvénient pratique d'une année de philosophie
pour l'admission aux écoles de Médecine et de Droit,
l'inutilité de la philosophie pour tout ordre de licence
ou d'agrégation ; en un mot, la désertion des classes
de philosophie.

Alors la peine des bons esprits fut visible. Dans le
corps médical, dans la magistrature et le barreau,
dans l'Université surtout, quiconque est distingué se
plaignit éloquemment. On s'adressa au ministre, aux
grands corps constitués.

Le ministre fut bien aise de se raviser. Il s'engagea
à exiger l'examen écrit de philosophie pour les futurs
médecins. Les Facultés des lettres s'assemblèrent et
dirent : « Nous ne voulons point de licenciés, d'agrégés, de professeurs qui n'aient point appris la philosophie. » La Commission de Saint-Cyr et Polytechnique maintint un nombre de points de faveur aux
« philosophes ». La Faculté de droit, par suite d'une
équivoque, fut moins affirmative ; mais chacun pensa
qu'elle n'avait point dit son dernier mot.

L'enquête qui a été provoquée ces jours-ci dans la
Revue Bleue se poursuivit alors complète.

Les professeurs de la Sorbonne, dont les réponses,
si judicieuses, si élevées, ont paru dans cette *Revue*
répondirent tous en 1890. D'autres avec eux.

Les documents relatifs à cette enquête se trouvent
dans le journal *le Lycéen* qui a enregistré les lettres
nombreuses des personnages les plus éminents : maîtres de l'enseignement, bâtonniers de l'ordre des avocats, médecins, membres de l'Institut, etc., profes-

sionnels intéressés à la question, hommes du monde, après lesquels il n'y avait plus d'enquête à faire pour ou contre la suppression de la classe de philosophie. Tout le monde était d'accord à reconnaître qu'un pays se déshonorerait à supprimer ou même amoindrir les études philosophiques.

Et maintenant vous rééditez les deux objections qui furent sur le point de nous perdre. Vous prétendez qu'il serait peut-être bon de réserver l'étude de la philosophie aux Facultés ; mais on a déjà répondu en 1890 qu'il faudrait pour cela envoyer tous les élèves aux Facultés, sinon la philosophie deviendrait aristocratique et le privilège d'une élite fort restreinte.

La *Revue Bleue* insère une lettre qui nous invite à imiter sur ce point les autres peuples. Mais, outre que nous ne sommes tenus d'imiter personne, il convient de faire une remarque importante : Chez les Allemands et chez les Anglais, tous les étudiants, l'élite de la jeunesse, reçoivent avant de se spécialiser un enseignement supérieur uniforme.

C'est l'égalité d'une certaine façon. Ce n'est pas l'égalité telle que peut la comprendre notre démocratie.

En tout cas, si on consent à laisser la philosophie au lycée, on en critique la *manière d'être*, en réclamant une prompte réforme. Est-ce à tort ou à raison qu'une réforme y paraît indispensable ? Présentement, je ne voudrais pas même le savoir. Présentement la philosophie subit une crise. Elle a couru le risque de n'*être* plus, pendant un certain temps, car Leibniz a dit, avec vérité, qu'elle est au fond éternelle Elle n'*était* plus, quand elle n'avait plus son caractère d'obligation pour les Facultés des lettres, pour les Facultés de médecine. On ne lui a pas encore rendu le pouvoir d'être à la Faculté de droit. Permettons-lui d'*être* d'abord nous verrons ensuite à réformer sa *manière d'être*. L'enseignement de la philosophie n'est certes pas parfait. En le simplifiant, je l'introduirais graduellement dans toutes les classes, sans préjudice d'une classe spéciale et finale de philosophie.

Cependant je demande la permission de dire de la philosophie ce que nous disons de la liberté au moment même où l'on abuse de cette prérogative : qu'elle est le plus grand don naturel de Dieu ; qu'elle doit toujours avoir sa place au collège, quelle qu'elle soit en passant par la chaire de tel ou tel professeur. Dans la gymnastique des idées à laquelle une classe de philosophie, même apparemment incomprise et parfois mêlée d'erreurs, livre les élèves des lycées ; dans le monde immatériel d'imaginations morales, désintéressées, tirées de « l'au-delà » où elle les conduit ; dans le commerce mystique de ces êtres de raison dont elle peuple leur esprit, il y a de si nombreux avantages qu'ils peuvent bien être achetés au prix d'inconvénients possibles. Et je termine cette lettre en demandant le maintien d'une épreuve de philosophie obligatoire dans tout examen important.

Agréez, etc.

XIII

Lettre de M. J. BOURDEAU.

De la brillante polémique soulevée par les articles de M. Vandérem sur l'opportunité de supprimer ou plutôt de réformer l'enseignement de la philosophie tel qu'on le pratique actuellement dans les lycées se dégagent deux faits importants et incontestés : c'est que cet enseignement tend à devenir de plus en plus métaphysique, et qu'il est passionnément suivi par une élite. Il n'en a pas toujours été ainsi, et il faut remonter aux causes de cette évolution.

Trois écoles de philosophie ont représenté dans la première moitié du siècle une conception générale de la vie et de la société propre aux partis et aux classes qui se disputaient le pouvoir. La philosophie théocratique et aristocratique de Bonald et de Joseph de Maistre s'efforçait de restaurer, au lendemain de la Révolution, le principe d'autorité. La philosophie bourgeoise, individualiste, libérale de Jouffroy et de Cousin reflétait, dans le domaine des idées abstraites, la théorie du juste milieu : de même que la Charte était un compromis entre l'ancien régime et la Révolution, le spiritualisme éclectique de Cousin tentait de faire vivre sur un pied de paix la théologie et la métaphysique, ces deux vieilles ennemies. L'Université enseignait cette doctrine aux jeunes gens comme une sorte de catéchisme officiel. — Une troisième école fondée par Saint-Simon, continuée par Auguste Comte, prétendait appuyer sur les faits économiques et la science positive, la théorie humanitaire d'une rénovation sociale.

Après les déceptions de 1848 et le coup d'État, une réaction très marquée, dans le sens d'une philosophie purement expérimentale sortait de l'École normale même. Les *philosophes du XIX° siècle* de M. Taine ruinaient la philosophie de Cousin, comme un outrage à toute méthode scientifique et un obstacle à tout progrès. M. Taine inaugurait en France avec éclat l'étude de la psychologie qui a été poursuivie par M. Ribot et ses élèves.

Cependant, à la Sorbonne, M. Caro et M. Janet renouvelaient les doctrines spiritualistes. Au lieu de chercher à établir comme M. Cousin un vague compromis entre la raison et la foi, M. Janet s'efforçait de démontrer l'accord de cette philosophie et de la science. M. Caro prenait l'offensive, portait la guerre dans le camp ennemi, cherchait le point d'attaque des nouvelles hypothèses et des nouveaux systèmes. Il n'y a donc plus aujourd'hui dans l'Université de dogme régnant, en matière d'enseignement philosophique. Dans cette liberté la haute métaphysique, grâce à des maîtres éminents, attire à elle la fleur de la jeunesse studieuse à l'École normale, et se répand de là dans l'enseignement des lycées.

Cette réaction partielle, dans le sens de l'idéalisme transcendant contre une philosophie purement positive, n'est pas sans analogie lointaine avec le courant symbolique et mystique, en sens inverse du naturalisme et du réalisme dans la littérature et dans l'art. Une génération élevée dans certaines idées se jette dans les idées contraires. La mode, qu'on a définie « le ridicule de demain », ou encore « l'art de mettre sa cravate, dans les ouvrages de l(esprit », naît de l'esprit d'imitation, et les changements de la mode, de l'esprit de contradiction. Ce serait être ennemi de toute diversité que de s'en plaindre. Il y aurait plutôt lieu de nous féliciter de la vogue dont jouissent parmi nous, à l'heure présente, Tolstoï, saint François d'Assise, Bossuet, Platon. Au milieu d'une civilisation démocratique, anarchique, il n'y a aucun inconvénient à nous parler de tradition et d'autorité : dans notre monde voué aux préoccupations de Bourse et de pornographie, ne vous plaît-il pas de voir exalter, dans les livres, les deux sentiments les plus méprisés dans la vie réelle (et parfois des philosophes eux-mêmes) : le culte de l'idéal, et l'amour de la pauvreté, remettre en honneur les plus hautes facultés de l'homme et ses meilleurs instincts, chercher une expression éloquente et poétique aux grandes vérités de l'ordre moral ?... Mais notre sympathie se changerait en inquiétude, si, comme on nous l'affirme, les plus distingués parmi les maîtres de l'Université prenaient à tâche de déchaîner dans l'enseignement secondaire, sur des cerveaux non encore formés, une véritable épidémie métaphysique, se faisaient un devoir de nous fabriquer par centaines de bons esprits faux.

Est-il besoin de rappeler ici la querelle que les sec-
tateurs de la science positive cherchent aux métaphysiciens ? Ils leur accordent d'avoir préservé contre
la théologie, qui a rendu d'autres services, la liberté
de la pensée, et par là ils ont été secourables à la
science. La métaphysique stimule l'esprit de recherche, la curiosité des problèmes, Claude Bernard lui a
rendu cet hommage ; il s'entretenait volontiers avec
les philosophes, mais ailleurs que dans son laboratoire. Contre une observation empirique qui s'isole
dans les faits partiels, elle maintient le goût des idées
générales, des vastes synthèses. Mais par ses sugges-
tions individuelles, ses divagations interminables,
son mépris des « petits faits », elle est susceptible de
devenir à son tour un obstacle à la science. « La métaphysique, dit Voltaire, est le roman de l'âme, et ce
roman est moins intéressant que les *Mille et une
Nuits.* » Doudan caractérise de même, en deux mots,
cet ordre de spéculations pour lui mortellement
froides et ténébreuses : « un glacier dans l'ombre. »
L'esprit n'y peut vivre. Qu'est-il sorti de ces disser-
tations sans nombre sur la cause première et la fin
dernière des choses, sur l'essence de l'être, sur le principe de la substance ou de la forme, sur la nature de
l'âme ou de la divinité, sur l'opposition de l'esprit et
de la matière, sur l'immanence et la transcendance.
Les mots mêmes ne se comprennent pas, et chacun
d'eux est une source d'erreurs. La métaphysique, aux
yeux de ses farouches adversaires, consiste à discuter
des problèmes insolubles, à tourner avec sueur une
meule énorme qui ne moud rien, à emplir le tonneau

des Danaïdes, à rouler le rocher de Sisyphe. Et c'est à cette tâche ingrate qu'on attelle des esprits de seize ans [1].

M. Liard a dépensé beaucoup d'érudition et de subtilité pour démontrer dans un ouvrage couronné que la métaphysique est une science. Mais c'est la science

(1) Les Facultés de province goûtent particulièrement, nous dit M. Huit, ce genre d'exercices. Voici quelques questions posées au baccalauréat, choisies entre vingt autres semblables : *L'immortalité d'après Leibniz. — Discuter les antinomies de Kant* (Besançon, 1893). — *La substance et le phénomène* (Nancy, 1893). — *Histoire de l'argument ontologique* (Lille, 1893). — *Que veut dire Leibniz quand il soutient que les monades n'ont pas de fenêtres? — Platon avait-il tort de considérer les genres comme des êtres?* (Nancy, 1893). — *Qu'entend-on par qualités premières et qualités secondes de la matière?* (Toulouse, 1893). — Un philosophe a dit : *Quiconque n'a jamais douté de l'existence de la matière peut être assuré qu'il n'est point fait pour les recherches métaphysiques.* » On appréciera ces paroles. (Poitiers, 1893), etc., etc.

O Molière, où es-tu ?

« La dissertation philosophique du baccalauréat n'a rien à envier à la dissertation littéraire. On y propose trois ou quatre fois par an, dans une académie ou dans l'autre, la classification des « facultés de l'âme », et il est bien entendu qu'il faut en trouver trois, pas une de plus, pas une de moins. Il y a aussi la sublime théorie des preuves, car les malheureux candidats sont obligés de tout prouver : la liberté, l'existence de Dieu, l'immortalité de l'âme, et autres menus problèmes. On leur a appris que pour toutes ces questions il y a un certain nombre de preuves; que chacune isolément, à vrai dire, ne prouve rien du tout. mais que, réunies, elles forment une démonstration inattaquable. «Exemple : «Exposer la preuve métaphysique de l'immortalité « de l'âme, et montrer que *cette preuve a besoin d'être complétée* par la preuve morale. »

« Cette formule a semblé si belle que je l'ai vue trois fois proposée en Sorbonne à la sagacité des futurs bacheliers (19 août 1870 — 15 mars 1877 — 26 octobre 1883).

«Messieurs, »nous disait le père Rubé en ouvrant son cours à Condorcet,.« la philosophie a surtout pour but de donner de « la rigueur dans le raisonnement. » Était-ce une ironie ? » (Guy Tomel, *Journal des Débats* du 28 juillet 1893.)

des vérités individuelles : car où trouver, écrivait
Prevost-Paradol en ses notes d'École normale, deux
géomètres en dissentiment et deux métaphysiciens
d'accord ? Loin d'être disposés à ouvrir leurs rangs
aux métaphysiciens dans une section spéciale de
l'Académie des sciences, les savants diraient volontiers avec Newton : « Physique, garde-toi de la métaphysique. »

A la fois savant et métaphysicien, le vieil Aristote
s'est bien gardé de confondre ces deux ordres de spéculations. Il les sépare, au contraire, par la distinction
de ces faits que l'un d'eux arrive seul à la certitude,
tandis que l'autre reste réduit à la vraisemblance
ou à la probabilité, c'est-à-dire à l'ombre ou à l'apparence, changeantes et trompeuses, de la vérité.
Nous répartissons de même aujourd'hui, au point de
vue de la connaissance, nos conceptions des choses en
trois classes : le connu, le connaissable et l'inconnaissable. La frontière entre le connaissable et l'inconnaissable est malaisée à poser. Ne peut-on pas admettre toutefois, comme borne de séparation, que le
premier reste confiné dans le fini et le relatif, tandis
que le second a l'ambition d'embrasser l'infini et
l'absolu ? Or il sera temps de spéculer sur l'inconnaissable, quand tout le connaissable sera connu.

Cousin lui-même a été obligé de reconnaître qu'a-
près vingt-cinq siècles de spéculation philosophique,
tant de discussions et de recherches n'ont pas abouti
à mettre une seule vérité hors de doute. Quels sont
donc les titres de la métaphysique comme science ?
Elle ressemble à ce livre de Micromégas, où l'on

devait trouver le dernier mot de la connaissance et qui, une fois ouvert, ne contenait que des pages blanches.

Nous savons bien qu'on invoque la métaphysique comme auxiliaire de la morale. On ne saurait donner assez d'autorité et de prestige aux prescriptions de conduite utiles aux hommes en société : la religion fonde la morale sur la révélation, et la métaphysique sur un ordre transcendantal. Il n'y a pas, semble-t-il, de morale scientifique, puisque la science constate seulement ce qui est, et que la morale cherche à nous éclairer sur ce qui devrait être. Dans toute page de morale vous ne trouverez que des citations empruntées aux livres saints, ou à des livres de métaphysique. Nous plaindrions sincèrement celui que la lecture d'une page de l'*Éthique* de Spinoza ne délivrerait pas, pendant quelques instants, de toute pensée basse, de toute intention vile. Mais nous ne sommes pas aussi assurés que l'est M. Janet, qu'il y aurait encore des esclaves, si Kant n'avait démontré au préalable que l'homme est une « entéléchie », autrement dit « une fin en soi ». En matière d'éducation pratique, mieux vaut s'attacher, comme le fait M. Marion, à une philosophie moins idéale, plus expérimentale, moins rechercher « le bien en soi », la perfection qui n'a jamais existé et n'existera jamais, qu'étudier méthodiquement les effets actuels produits sur le caractère par tel ou tel mode d'éducation, telles ou telles habitudes, la lecture de tels ou tels livres, la fréquentation de telle ou telle société, l'émulation, l'imitation, en un mot s'attacher à l'hygiène morale comme au meilleur moyen de préserver l'équilibre instable et la santé fragile. Modérez, si vous le pouvez, les désirs, fortifiez la conscience et l'honneur; au lieu de tracer des devoirs sublimes, apprenez à accomplir, tant bien que mal, l'humble tâche de chaque jour.

Voilà la thèse des disciples de Bacon contre les enthousiastes de Platon, telle que Macaulay l'a exposée dans un admirable *Essai* qu'on ne saurait trop méditer. Cette thèse, nous la retrouvons condensée avec véhémence dans les lignes suivantes, écrites par un philosophe des plus distingués, M. Léon Dumont, au lendemain de nos défaites :

« L'Université a, dans nos désastres, plus d'un reproche à s'adresser. C'est elle, avec sa métaphysique et son culte exagéré de la forme, qui entretient cette disposition aux illusions et aux utopies dont nous avons tous été dupes à un certain âge. Des illusions, c'est à peu près tout ce que nous avons eu à opposer à la science brutalement pratique de l'Allemagne. Des utopies, c'est ce qui est venu compliquer une guerre malheureuse d'une crise intérieure non moins déplorable. Quand renoncerons-nous à cette éducation de style qui nous habitue à prendre des phrases pour des pensées, à confondre l'éloquence avec la vérité ? Quand cesserons-nous de croire que les qualités vives et brillantes de l'esprit peuvent dispenser d'étude et d'instruction ? Jusqu'à quand enfin nos masses populaires, dépourvues de toutes notions positives, resteront-elles incapables de se tenir en garde contre les intrigants et les faiseurs, et se laisseront-elles prendre sans défense aux déclamations des rhéteurs démagogiques ou aux promesses effrontées des prétendus sauveurs qui exploitent leur ignorance ? L'Angleterre a trouvé jusqu'à présent un remède contre ces écarts de l'imagination dans la culture de l'économie politique et dans une philosophie plus expérimentale que la nôtre ; l'Allemagne, dans l'étude approfondie des sciences historiques que les doctrines panthéistes ont favorisée, dans ces habitudes de critique qui viennent du protestantisme, et en dernier lieu dans la culture des sciences de la nature qui conduisent à voir le monde tel qu'il est. Mais, hélas ! ce qui fournit aux étrangers un remède contre la dissolution et la démoralisation est précisément accueilli en France comme un épouvantail. Au lieu de nous rassurer, le réalisme nous fait peur, et nos moralistes, qui ne savent plus aller au fond des choses, ne cessent de lui attribuer tous les vices qui tiennent au contraire à des égarements de l'idéal. Nous avons tous été plus ou moins élevés suivant cette métaphysique *a priori* qui autorise chacun à tout déduire, en matière morale, des idées de sa raison, et à attribuer par conséquent une valeur absolue à un idéal qui n'est jamais qu'une résultante personnelle. Si la science expérimentale, historique, positive, rapproche les hommes parce qu'elle est une, *l'idéal, quand on le prend pour règle, n'est qu'un dissolvant et une source de divisions, parce qu'il est divers, et varie suivant les individus ou les circonstances les plus accidentelles.*

« Cependant le spiritualisme essaye aujourd'hui de

se justifier en nous montrant les excès de notre démagogie dont les meneurs se proclament bruyamment athées, matérialistes, positivistes. Nous n'avons pas à prendre ici la défense du matérialisme et de l'athéisme, qui cachent d'autres erreurs. Mais ce n'est pas une raison pour se laisser duper par les apparences et juger les hommes d'après les noms qu'il leur plaît de se donner, et qu'ils ne prennent le plus souvent que par esprit d'opposition. Ils se disent athées, et ils admettent un absolu, et ils réclament pour leurs théories une nouvelle forme de droit divin. Ils se disent matérialistes, et ils invoquent à chaque instant l'autorité de la conscience, et ils partent d'une idée innée du droit dont ils prétendent tout déduire. Ils se disent positivistes, et leur radicalisme rompt en visière avec l'histoire, et ils foulent aux pieds les faits les plus élémentaires de la science économique. Quelles que soient devenues leurs doctrines, ils ont évidemment conservé de l'éducation spiritualiste la méthode, les habitudes d'esprit, les associations d'idées [1]. »

Ce que M. L. Dumont disait du spiritualisme, à plus forte raison pourrait-on l'appliquer à l'idéalisme métaphysique. Cette tendance offre un réel danger, dans les temps difficiles que nous sommes appelés à traverser, et nous semblerait un redoutable auxiliaire de la Révolution, de cet esprit d'utopie, qui, pour parler comme M. Challemel-Lacour, nous a déjà fait tant de mal. Il y a, croyons-nous, un péril extrême

(1) *Revue scientifique* du 22 juin 1872.

à aborder ces questions sociales, aujourd'hui si brûlantes, presque incendiaires, dans un esprit métaphysique, à rêver l'impraticable et à mépriser le praticable, à substituer la logique des idées à l'observation des faits, à faire reluire, aux yeux avides des
foules, des visions de justice absolue, quand nous ne
pourrons jamais réaliser qu'une justice boiteuse,
limitée, imparfaite.

Au commencement du siècle, en pleine vogue et en
plein essor de la métaphysique allemande, Gœthe
disait à Eckermann : « Tandis que les Allemands se
torturent pour résoudre des problèmes philosophiques, les Anglais, avec leur gros bon sens, se moquent
de nous et conquièrent le monde. » On a pu faire une
part à la philosophie de Kant, aux discours de Fichte,
dans les guerres de délivrance. Mais la puissance
actuelle de l'Allemagne lui vient de l'esprit positif de
la race prussienne. L'accroissement politique de la
nation a coïncidé avec la décadence de la métaphysique allemande. L'Allemagne ne produit plus que
des hommes de science et des hommes d'État. L'espèce des métaphysiciens tend à disparaître, comme
les Peaux-Rouges en Amérique. Avec quel dédain les
historiens en qui s'incarne l'esprit nouveau, M. de
Treitschke par exemple, parlent de l'ancienne gloire
métaphysique, qui n'avait donné aux Allemands que
l'empire de l'air.

Notre ambition n'est pas que la France les remplace dans cette conquête tout aérienne. Aussi demandons-nous aux hommes éminents, chargés de veiller
à l'éducation et à l'instruction de la jeunesse — non

sans nous rendre compte de la difficulté — qu'ils nous forment de jeunes esprits, pénétrés de réalité, pleins de défiance envers l'idéal, exigeants avant tout en fait de démonstrations, de vérifications et de preuves, initiés aux méthodes de la science, et non (comme on les en accuse, avec exagération, espérons-le), des perroquets ou des songe-creux.

XIV

Lettre de M. TAINE.

Un de nos lecteurs, qui désire garder l'anonyme, nous adresse la lettre suivante :

« Comme tous les lecteurs de la *Revue Bleue*, j'ai suivi avec infiniment d'intérêt la belle enquête à laquelle a donné naissance la campagne entreprise par M. Vandérem ; si je suis peu autorisé pour prendre voix au chapitre, du moins vous entendrez avec plaisir l'avis du regretté M. Taine : ayant eu, au cours de mon année de philosophie, la hardiesse de demander conseil à cet éminent psychologue, il me fit grand honneur de me répondre en ces termes :

230, boulevard Saint-Germain,
Paris, 16 janvier.

Monsieur, si j'avais eu l'honneur de vous donner un conseil pour vos études de philosophie, je vous aurais prié de ne point lire cette année les *Philosophes du XIX° siècle* ni l'*Intelligence. Pour débuter, il ne faut étudier qu'un système, sinon l'esprit s'embrouille.* Quel que soit le système, celui de Kant ou d'Aristote ou de Condillac ou de Stuart Mill, pourvu qu'il soit cohérent, on a besoin de travail et de temps pour se l'assimiler et le comprendre à fond : cette assimilation sera le meilleur fruit de votre année de philosophie. Suivez donc le cours de votre professeur, tâchez de bien posséder ce cours, d'en saisir toutes les parties et toutes les liaisons, peu importe qu'on vous enseigne l'éclectisme ou la philosophie de saint Thomas ou la doctrine d'Auguste Comte ; l'essentiel est de saisir un ensemble, de voir les connexions qui joignent les conséquences aux principes. Cela fait, vous aurez pratiqué une gymnastique excellente, exercé vos facultés d'analyse, de généralisation et de déduction, et de plus vous connaîtrez l'une des théories considérables qui ont joué ou jouent un rôle dans le petit monde des esprits pensants. Plus tard, si votre curiosité persiste, vous étudierez les autres théories ; mais le seul moyen de les pénétrer toutes, *c'est de n'en apprendre qu'une à la fois.*

Agréez, Monsieur, l'assurance de mes sentiments les plus dévoués [1].

(1) Publication autorisée.

XV

RÉSUMÉ ET CONCLUSION
Par M. Fernand VANDÉREM.

Le jour où l'on mettait sous presse mon dernier article sur l'*Enseignement philosophique*, la *Revue Bleue* adressait à nos principaux philosophes professionnels une circulaire les conviant à se prononcer, s'ils jugeaient à propos, sur la question soulevée.

Les réponses affluèrent non seulement de la part des interrogés, mais de la part de correspondants spontanés. C'est parmi ces réponses que la *Revue Bleue* — ne pouvant, à son regret, tout publier — a choisi les diverses lettres parues ici depuis trois mois. Aujourd'hui que l'enquête est close, il convient de la résumer et d'en établir les résultats et la portée.

Toutefois, avant de commencer le résumé, je dois aux curieux quelques explications sur les motifs qui m'ont poussé à entreprendre cette petite campagne.

C'est qu'aussi on m'a soupçonné de mille calculs noirs et compliqués dont je suis tout à fait innocent.

Pendant que les articles paraissaient, il ne se passait pas de jour où je ne rencontrasse quelqu'un qui s'imaginait avoir pénétré mes sombres intentions et s'empressait amicalement de me mettre en garde contre leurs conséquences.

On me disait : « Vous travaillez pour les Jésuites ! »
ou : « Vous travaillez pour les physiologistes ! », ou :
« Vous travaillez pour les historiens ! », ou : « Vous
travaillez pour le césarisme ! » quand encore on avait
la courtoisie de ne pas me dire : « Vous travaillez
pour vous-même ! »

La vérité est que ces subtils devineurs avaient tous
tort et tous raison — puisque je travaillais pour tout
le monde, comme le veulent mes goûts et mes devoirs
de journaliste.

En entreprenant ma campagne, je n'avais pas en
vue de soutenir, d'exalter aux dépens des autres telle
ou telle des castes du corps enseignant, telle ou telle
fraction des partis politiques ; je n'avais pas non
plus le projet de me poser en changeur de lois et en
fléau des abus.

Un jour, tout simplement, à l'occasion d'un petit
fait d'actualité, l'idée m'est venue de dire ce que je
pensais depuis longtemps de la façon dont on enseignait la philosophie dans les lycées. Au bout du premier article, je n'avais pas fini. J'en fis un autre au
bout duquel me demeurait à dire ce que je dis enfin
dans le troisième.

Tous ces articles, je les écrivais d'intuition, de
souvenir, de *sentiment*, plutôt, sans notes, sans documents, avec une ignorance complète des controverses
analogues qui avaient précédé. Je ne connaissais rien
des travaux pédagogiques de MM. Marion, Maneuvrier, Fouillée, l'abbé Clamadieu, etc. Je ne disais
que ce que je savais personnellement d'expérience,
pour l'avoir enduré, vu, observé.

Or, il arriva par hasard que mes regards ne parurent pas trop troubles, mes souvenirs pas trop infidèles, ma sincérité pas trop molle, et que, sans le vouloir, sans préméditation, je parvins à faire germer, prospérer ici les belles opinions que les gros livres d'avant moi avaient laissées sommeiller au sillon.

Ce que j'ai fait, je ne l'ai donc pas fait exprès ; ce que j'ai obtenu, je ne le recherchais pas. J'ai agi d'abord candidement, instinctivement poussé par un besoin de parler avec franchise.

Et s'il y a eu un peu d'habileté politique en cette campagne, j'assure qu'on ne la découvrira que dans la forme, dans les procédés stratégiques et d'exposition.

Cela dit, résumons et finissons-en.

Je dis « résumer » et non pas « répondre » — malgré les facilités que j'aurais pour réfuter la plupart de mes contradicteurs.

Tandis, en effet, que je m'efforçais, dans mes attaques, de m'exprimer simplement, d'écarter toute manœuvre scientifique, de renoncer à ces puissants alliés que sont les documents, — on a été au contraire un peu pédant en certaines réponses, on a combattu avec des armes un peu lourdes. Et cela m'amuserait bien de riposter dans le même jeu, de faire entrer en ligne le bataillon de mes connaissances personnelles, de m'adjoindre même ce surcroît de forces armées que m'ont fourni des lettres anonymes ou signées de correspondants dévoués. J'ai là sur ma table une foule de lettres m'indiquant, à l'appui de mes opi-

nions, des papiers, des livres, des « sources »... Mais
non, ne buvons pas à ces sources-là. Terminons
comme nous avons commencé, sans autre aide que la
bonhomie, la bonne foi, et le bon vouloir.

Et successivement, avec simplicité, examinons les
divers résultats de cette campagne, à savoir : *les
points acquis, — les points controversés, — les résultats
prochains.*

LES POINTS ACQUIS

I. *Multitude et importance des réponses.* — Qu'on ait
répondu, et copieusement répondu, voilà d'abord qui
est, pour nous, un avantage.

Dans un des meilleurs articles parus, au dehors,
sur la controverse[1], M. Huit a fort bien indiqué ce
point : « Socrate, écrit-il, ne fit lui-même ou ne
demanda à ses amis aucune réponse au portrait peu
flatteur qu'Aristophane avait tracé de son enseignement : il savait qu'il ne viendrait à l'esprit d'aucun
de ses concitoyens de prendre cette charge comique
pour l'expression de la réalité. En ce qui les touche,
les universitaires qui ont relevé le gant de M. Vandérem paraissent en avoir jugé autrement. »

Tout en redoutant ce que pourrait avoir d'écrasant
pour moi ce parallèle, si on le poussait plus loin, il
me semble que M. Huit a mis là en excellente lumière
un des succès dont nous avons le plus à nous réjouir.

Et pour en comprendre l'importance, il faut savoir
que les deux premiers articles avaient déchaîné dans

____

(1) *Bulletin de la Société générale d'éducation*, 15 avril 1894.

l'Université et surtout dans l'Enseignement secondaire les pires des fureurs. Certains indignés se plaignaient d'un ton amer. Le mot d'ordre était de laisser tomber dans le silence ces basses attaques, de ne pas répondre. Quelques enflammés nous l'affirmèrent, vinrent même complaisamment dans les bureaux de la *Revue* nous l'apprendre.

D'autre part, il est vrai, les lettres d'encouragement s'accumulaient. Des personnes bien informées nous assuraient qu'au ministère, en Sorbonne, nous avions de solides et ardents partisans.

Mais à l'encontre de ces paroles d'espoir, se dressait tout ce que nous savions de l'esprit conservateur des gens en place, qui sont toujours pour qu'on ne change pas, car il y a, selon eux, une chose, plus mauvaise que toutes les choses mauvaises : c'est le changement de ce qui est et le dérangement de ceux qui y sont...

Nous étions donc à la *Revue* sinon inquiets, du moins fort intrigués du résultat des circulaires.

J'ai dit qu'il dépassa nos vœux, je dois dire aussi, par respect de la vérité et de l'histoire, que parmi les plus acharnés à répondre on remarqua plusieurs de ceux qui nous avaient avisés du méprisant mot d'ordre. On ne les avait, bien entendu, pas consultés. On dut se priver de leurs précieux, mais tardifs avis.

Néanmoins, il demeure qu'on a répondu, qu'on a répondu longuement, savamment, abondamment, qu'on a riposté en somme, — et que pour triompher de tout ce qui leur faisait obstacle, pour triompher rien que du silence et du dédain professionnel, nos

critiques devaient avoir une certaine valeur, une certaine vigueur, une certaine pénétration.

Il demeure que nous avons ébranlé, détruit peut-
être l'équilibre somnolent et satisfait où s'assoupis-
sait, tranquille ou bien timide, la philosophie officielle, puisqu'elle s'est réveillée pour tenter de le
rétablir, puisqu'elle a transgressé le mot d'ordre
adopté, puisqu'elle s'est défendue en soixante colonnes
signées de ses grands chefs.

II. *Unanimité des adhésions à nos critiques.* — Qu'on
répondît, cela était déjà bien. Mais comment répon-
drait-on ? Autre sujet de curiosité.

Eh bien! on a répondu aussi favorablement que
nous pouvions espérer, plus favorablement même.
Tout le monde, bon gré mal gré, nous a donné raison,
a reconnu que nos critiques fondamentales étaient
justes et justifiées.

Quelles étaient ces critiques fondamentales? En
quelques mots, rappelons-les. Nous ne voulions ni
combattre la Philosophie, ni combattre l'Université.
Nous disions simplement aux responsables :

« Votre programme philosophique est trop chargé.
Les professeurs n'ont pas le temps de le développer.
L'accès à l'enseignement philosophique est mal préparé. Les enfants ne sont pas prêts à le comprendre.
Vos professeurs sont au-dessus de leur tâche par le
savoir et ne peuvent ou ne daignent s'y abaisser. Le
rôle de l'enseignement philosophique est d'apprendre
aux enfants non les systèmes, mais à penser, — de
former non des métaphysiciens érudits, mais des

esprits réfléchis et moraux. Corrigez en ce sens vos programmes; commandez en ce sens à vos professeurs. Et la philosophie cessera d'être la classe encombrée, ahurissante et infructueuse pour la masse qu'elle a été jusqu'ici et qu'elle est plus que jamais aujourd'hui. »

Or à ces idées, dès le début, nous eûmes le plaisir de voir se rallier, ouvertement et sans réticences, des hommes tels que MM. Ribot, Boutroux, Marion, pour ne citer que les philosophes en fonction. A ces idées, nous vîmes ensuite adhérer tous les philosophes qui écrivirent à la *Revue Bleue*. C'est ce qu'à l'aide de quelques citations je vais essayer de prouver, citations que nous répartirons pour plus de clarté en deux groupes : celles empruntées aux favorables — et celles aux contradicteurs.

1° *Les favorables :*

M. RIBOT très discrètement décline de répondre en détail, mais pourtant écrit : « J'entends dire (et je pourrais au besoin citer de hautes autorités) que trop souvent l'enseignement est au-dessus des élèves. Aussi la plupart se dégoûtent ; les autres se grisent de généralités et de formules sous lesquelles ils ne peuvent rien mettre, parce que pour cela il faut des années. *La faute en est aux programmes, mais surtout aux méthodes.* »

M. BOUTROUX dit : « Je pense beaucoup des choses qu'a dites M. Vandérem; mais je les dirais d'une façon un peu différente... Les réflexions de M. Vandérem sont opportunes... Pour moi, si j'entreprenais de philosopher sur ces matières, je me rencontrerais souvent avec votre rédacteur. On peut exprimer le vœu qu'en philosophie, comme dans les autres enseignements, les cours présentent une gradation méthodique... Il faut que cet enseignement soit accessible à la moyenne des esprits, provoque la réflexion, *vise bien moins à être complet qu'à former l'intelligence et l'âme... L'enseignement de la philosophie est une initiation à la réflexion philosophique, ce n'est pas une exhibition hâtive de toute la philosophie et de toute l'histoire de la philosophie en raccourci.* »

Il faudrait citer ces lettres en entier de même que celle de M. Marion surtout, qui nous a peut-être le plus complètement compris, a parlé le plus conformément à nos critiques et à nos vœux.

M. Marion dit : « Depuis longtemps, je pense tout haut quelques-unes des choses qu'a dites votre collaborateur... Ces critiques auront fait du bien si elles amènent des professeurs de philosophie à prendre une conscience plus nette de leur responsabilité. Ce que nous doivent nos professeurs de philosophie, ce ne sont pas des dialecticiens plus hardis, ni de plus hardis fantaisistes, ce sont de meilleurs esprits et, autant qu'il dépend d'eux, de meilleurs hommes ; c'est une plus riche moisson d'excellents esprits et de braves gens, etc., etc. »

M. G. Monod s'élève avec ardeur contre les programmes actuels, tant de l'enseignement secondaire que de l'enseignement supérieur, et « contre la *scribendi cacoethes* philosophique » qu'ils ont développée parmi nous.

M. G. Lacaze préconise les cours préparatoires (morale et métaphysique) et confirme nos critiques contre les programmes officiels.

M. Bourdeau parle dans notre sens et dans le sens de M. Monod contre les abus des métaphysiciens professionnels.

2° Les contradicteurs :

M. Janet combat, longuement tout au moins, notre thèse et concède qu'il est possible « que les programmes soient trop chargés ». Il accorde également que les professeurs ne parlent pas toujours un langage propre à frapper leur jeune auditoire, et il ajoute : « En tout cas, que nos jeunes professeurs y fassent bien attention, la destinée de la philosophie est entre leurs mains. Ceci est un avertissement dont il ne faut pas faire fi. »

M. Fouillée conteste, sans bonne humeur, presque toutes nos assertions. Cependant il trace en quelques lignes une esquisse de nouveaux programmes : « *Élaguer le surplus* et modifier les proportions relatives des matières du programme. *Étendre la partie des programmes consacrée à la morale, surtout à la morale sociale, et la philosophie générale.* » Réformes tout à fait conformes à nos désirs et dont il corse la proposition en insérant à la suite de son article un programme détaillé des matières à enseigner : — d'où il faut conclure que M. Fouillée, comme nous, ne juge pas sympathiquement les programmes actuels.

M. l'abbé Clamadieu dit : « L'enseignement philosophique n'est certes pas parfait. *En le simplifiant,*

je l'introduirais graduellement dans toutes les classes,
sans préjudice d'une classe de philosophie finale. »

M. G. Lyon défend la philosophie contre des attaques
destinées, selon lui, à profiter à l'histoire — oh ! la
concurrence[1] ! — et écrit néanmoins :

« Qu'il arrive à l'enseignement philosophique de
pécher par trop d'abstractions, qu'il ne puisse que
gagner à s'humaniser davantage, à se faire plus concret, plus simple et plus familier, *j'aurais mauvaise
grâce à n'en pas tomber d'accord, puisque enfin les maîtres
qui lui ont donné son orientation sont les premiers à le
reconnaître. Et si de la petite campagne dont M. Vandérem a pris l'initiative une moralité se dégage, c'est bien
celle-là.* »

Enfin, M. Marillier, qui discute consciencieusement
nos articles, reconnaît également : « qu'une impression très nette se dégage de cette série d'articles, c'est
*qu'on entasse trop vite dans l'esprit des jeunes gens trop
de faits qu'ils n'ont pas le temps de vérifier et d'étudier
personnellement et directement et trop d'idées qui sont
pour eux trop nouvelles.* »

Ainsi des deux côtés, du favorable comme de l'hostile, partout, de bonne grâce ou de mauvaise, ce n'est
qu'un cri, qu'un unanime aveu : *programmes trop
chargés, enseignement dialectique trop fort, enseignement moral omis.*

Ainsi se trouve démontré, sur le fond et l'important
de notre campagne, notre double succès : 1° *multitude
des réponses;* 2° *unanimité des adhésions.*

(1) Voir p. 116. M. Lyon semble s'être exagéré la portée et la
valeur que nous attribuons à cette petite ironie de parenthèse.

LES POINTS CONTROVERSÉS

Il ne résulte pas de là, hâtons-nous de le dire, que nous ayons triomphé sur tous les points.

Sur les points accessoires, notre défaite a été presque complète; toutefois faisons bien remarquer que tous les efforts de nos adversaires ont principalement porté sur ces points accessoires, tandis que, sur les points capitaux, ou bien ils acquiesçaient spontanément, ou bien ils cédaient par un entraînement, grognon mais nécessaire, vers la vérité.

Le premier avantage que semblent avoir remporté mes contradicteurs, c'est en ce qui concerne les professeurs et leur état d'esprit. J'ai exagéré, paraît-il; j'ai été affreusement injuste, malveillant dans mes critiques, pour ne pas dire inexact. Tout le monde me l'affirme, seulement on ne me le prouve guère; et mille petites restrictions ultérieures viennent, à chaque coin de phrase, démentir les protestations des défenseurs.

Le plus souvent ces protestations consistent en des assertions aussi violentes qu'indémontrées. La valeur de ces assertions dépend donc, la plupart du temps, de la valeur de celui qui les profère. Je veux bien alors croire MM. Boutroux et Marion qui sont en contact direct avec les jeunes professeurs, qui sont les vrais chefs moraux et les véritables formateurs des jeunes philosophes actuels, mais comment me régler sur ce que dit — et combien timidement! — M. Janet qui, de son propre aveu, n'a pas depuis longtemps pénétré dans une classe de philosophie; sur ce que dit M. Fouillée qui s'appuie *sur les rapports officiels* pour déclarer que tout va bien en philosophie, que jamais cela n'a mieux été, quitte, en fin d'article, à proposer de bouleverser, de fond en comble, cet admirable fonctionnement?

Voilà pour notre première défaite. La seconde n'a pas été moins sensible.

Pour ne pas paraître faire une série d'articles purement négatifs, et en même temps pour amorcer les amateurs, nous leur avions, avec infiniment de mesure, soumis quelques modifications à l'ancien programme. L'esprit seul nous en était antipathique; mais, par respect pour les traditions administratives, il fallait feindre de s'intéresser à la lettre. J'imaginai donc de répartir l'enseignement philosophique à travers les classes et de le donner surtout d'une façon causeuse, socratique et morale.

Sauf M. Lacaze et M. l'abbé Clamadieu, je ne réussis à rallier personne à cette proposition. L'échec, en apparence, était donc absolu. Mais en apparence seulement.

Car cette offre en avait suscité d'autres — d'autres toutes adverses, contradictoires, révolutionnaires. Les uns voulaient qu'on transportât l'enseignement philosophique hors des lycées dans les facultés, — les autres qu'on le maintînt dans les lycées en émondant les programmes, — les autres qu'on s'en remît de ces émondements à l'initiative des professeurs, — les autres qu'on changeât le programme de l'agrégation, — les autres qu'on diminuât l'importance de la classe de philosophie, — les autres qu'on l'augmentât d'une année supplémentaire, — les autres qu'on lui assignât une place différente, — les autres...

Mais on se perd, dans ce trouble, dans ce chaos, dans ces hésitations, et c'est là qu'on aperçoit surtout le résultat de notre campagne : d'avoir fait sortir au grand air de la publicité toutes ces idées de réforme individuelles, tous ces projets divers, tous ces amendements personnels et dissemblables, — toutes ces vapeurs de pensée, effervescentes et mutuellement hostiles, qui se sont élevées tour à tour au-dessus de l'enseignement philosophique actuel comme des exhalaisons de mort au-dessus d'un corps décomposé.

Pour que, sur-le-champ, au premier appel, tant de gens eussent tant d'idées de réformes, il fallait qu'on fût bien mécontent — et de longue date — de l'état présent.

Battus sur les points accessoires, il advenait donc que nos défaites servaient encore notre cause, par ce qu'elles avaient arraché au mutisme, jusqu'ici méthodique, de nos contradicteurs.

LES RÉSULTATS PROCHAINS

Cependant toutes ces analyses, ces remarques seraient vaines si par ces mots « notre cause » c'était notre propre cause, notre cause personnelle et de polémiste, que nous entendions. Notre cause, c'est autre chose, c'est la cause, c'est l'intérêt de l'enseignement philosophique, de l'enseignement qui domine et régit notre enseignement entier.

Et nous voici alors un peu érigé, malgré nous, en sorte de réformateur, d'ami du bien public. Mais la suite des événements le commande. Résignons-nous à ce rôle délicat et scabreux. L'essentiel étant de ne l'avoir pas d'abord souhaité, recherché.

Nous voici donc obligé de ne pas nous satisfaire d'avoir reçu de bonnes réponses — mais de demander quelles conséquences pratiques ces réponses auront.

Tous ceux qui ont la réputation ou la fonction de penser en France se sont prononcés en faveur d'une refonte des programmes et de l'enseignement philosophique. Tous sont convenus que ces programmes étaient mal faits, cet enseignement infructueusement donné.

Eh bien, il est indispensable que cette consultation ait une sanction. Il est impossible que ces voix savantes ne soient pas entendues. Il est impossible que tous ces vœux, toutes ces offres de réformes laissent insensibles, inattentifs et dédaigneux le Ministère, les bureaux et les divers conseils de l'Instruction publique.

Le Conseil supérieur, notamment, ne peut pas, n'a pas le droit de ne pas s'occuper de ce qui a été imprimé ici.

« Si les programmes sont trop chargés, écrit M. Janet, le remède est facile, et il n'est pas besoin de revenir sur *la besogne fastidieuse* dont le Conseil supérieur a été à plusieurs reprises chargé. »

Il est besoin, au contraire, et, sauf le respect que je voue à la supériorité de ce Conseil, je me permettrai de lui faire observer familièrement qu'il n'est pas là pour s'amuser.

Les règlements n'ont jamais spécifié que les besognes qui incombent au Conseil supérieur seraient particulièrement distrayantes.

Fastidieuses ou non, quand l'opinion, l'opinion sage, désintéressée et compétente les lui impose, il doit les accepter d'un cœur sympathique et dévoué.

C'est ce qu'il fera, nous n'en doutons pas, à sa réunion prochaine.

La *Revue Bleue* a retiré de cette campagne tout l'honneur qu'elle en pouvait espérer. Il faut maintenant que ce soit la philosophie qui profite.

TABLE DES MATIÈRES

ÉVREUX, IMPRIMERIE DE CHARLES HÉRISSEY